Justiça Restaurativa

A publicação desta obra teve a contribuição inestimável da Sra. Rai Assis.

Howard Zehr

JUSTIÇA RESTAURATIVA
Insights e histórias da minha jornada

Tradução de
Ana Sofia Schmidt de Oliveira

Título original: *Restorative Justice: Insights and Stories from My Journey*
Copyright © 2023 by Howard Zehr

Grafia segundo o Acordo Ortográfico da Língua Portuguesa de 1990, que entrou em vigor no Brasil em 2009.

Coordenação editorial: Lia Diskin
Capa e projeto gráfico: Tony Rodrigues, com base na edição original da Walnut Street Books
Diagramação: Tony Rodrigues
Revisão técnica: Tônia Van Acker
Revisão final: Rejane Moura

Dados Internacionais de Catalogação na Publicação (CIP)
(Câmara Brasileira do Livro, SP, Brasil)

Zehr, Howard
  Justiça restaurativa : insights e histórias da minha jornada / Howard Zehr ; tradução de Ana Sofia Schmidt de Oliveira. -- 1. ed. -- São Paulo : Palas Athena Editora, 2024.

Título original: Restorative justice: insights and stories from my journey.
ISBN 978-65-86864-32-8

1. Ciências sociais 2. Justiça restaurativa 3. Justiça social 4. Reconciliação 5. Zehr, Howard I. Oliveira, Ana Sofia Schmidt de. II. Título.

24-211063   CDU-340.114

Índices para catálogo sistemático:
1. Justiça restaurativa : Direito 340.114
Aline Graziele Benitez - Bibliotecária - CRB-1/3129

1ª edição, junho de 2024

Todos os direitos reservados e protegidos
pela Lei 9610 de 19 de fevereiro de 1998.
É proibida a reprodução total ou parcial, por quaisquer meios,
sem a autorização prévia, por escrito, da Editora.

Direitos adquiridos para a língua portuguesa por Palas Athena Editora
Alameda Lorena, 355 – Jardim Paulista
01424-001– São Paulo, SP – Brasil
Fone (11) 3050-6188
www.palasathena.org.br
editora@palasathena.org.br

Sumário

Nota da tradução 07

Quem é Howard Zehr – nota do editor 12

O começo da jornada 13

Parte I – O que é exatamente a Justiça Restaurativa?

1 – Justiça Restaurativa: a promessa, o desafio 24
   Uma conversa com Katia Cecilia Ornelas-Nuñez

2 – A jornada rumo ao pertencimento:
   o que "vítimas" e "ofensores" têm em comum 41

3 – Boas intenções não bastam 59

4 – A promessa e o desafio da Justiça Restaurativa
   para as vítimas 63
   com Mary Achilles

5 – A justiça como arte, a arte como justiça 74

Parte II – Como cheguei até aqui

6 – Como cheguei até aqui 90
   Uma conversa com Bruna Pali

7 – A Justiça Restaurativa e a tradição gandhiana 106

8 – Uma retrospectiva da minha carreira e da
   Justiça Restaurativa: reflexões por ocasião
   do recebimento de um prêmio 113

Parte III – Fotografia, arte – e rádio – na vanguarda da cura

9 – O sentido da vida: trabalhando na vanguarda da cura 122

10 – Quando o pai ou a mãe está na prisão 137

11 – Radioamador para garotos e coroas 142

Uma história sobre Howard Zehr – sujata baliga 153

Parte IV – Justiça Restaurativa: uma visão que nos orienta e sustenta

12 – Além do crime: uma visão para nos orientar e sustentar 156

13 – Dez maneiras de viver restaurativamente 177

14 – Precisamos de mais prisões? 180

15 – O inovador sistema de justiça juvenil da Nova Zelândia 185

16 – A Educação na vanguarda da cura? 194

Refletindo sobre o passado... Imaginando o futuro ... 203

Para Howard Zehr 206

Agradecimentos 209

Créditos dos textos 210

Créditos das fotos 212

Sobre o autor 213

Uma história sobre Howard Zehr – Hector Valle 215

Homenagens e depoimentos 216

Nota da tradução
Ana Sofia Schmidt de Oliveira

Aceitei o honroso convite da Profa. Lia Diskin, cofundadora da Associação Palas Athena, para traduzir este livro por confiar muito mais no critério dela do que na minha capacidade. Quem quer que já tenha enfrentado uma tarefa como esta, sabe do tamanho do desafio. Por paradoxal que pareça, o desafio é ainda mais árduo quando o texto original é leve, fluido, agradável, bem-humorado, preciso. Simples e profundo ao mesmo tempo. Noto agora que ele reproduz alguns dos atributos de seu autor.

Traduzir é um escrever e reescrever incessante que só tem fim porque existe um prazo. As escolhas são difíceis, as dúvidas imensas. Por vezes, a palavra exata se esconde por dias a fio até surgir, de repente, quando menos se espera. Sendo, no mínimo, controvertidas as metáforas que remetem à labuta dos garimpeiros, é melhor dizer que a satisfação de tal momento equivale, não à descoberta de um veio de ouro, e sim daquela pequenina peça que finalmente se encaixa num imenso *puzzle*. Mas, verdade seja dita: tais momentos foram raros. E mesmo sem encontrá-la, havia que se colocar uma palavra ali onde a peça exata faltava. Vem daí a necessidade de explicitar algumas escolhas.

1) Optei por não traduzir o substantivo *vindication* (e o verbo *to vindicate*) como "vindicação" e "vindicar". Creio que a proximidade fonética poderia escamotear a distância semântica: em inglês, os termos não se referem a vingança, um dos significados encontrados, por exemplo, no Houaiss. Demais disso, por não serem palavras de uso corrente no português (do Brasil, ao menos), o estranhamento que poderiam produzir no leitor seria incompatível com a fluidez do texto original. Assim, aceitando a polissemia, a opção foi recorrer a palavras distintas como "desagravo", "afirmação", "validação", a depender do contexto. Buscando ser fiel ao autor, de modo a não distinguir (em demasia) onde o texto original não distinguia, a palavra original aparece sempre, entre parênteses, ao lado da tradução escolhida [como, por exemplo, na página 51: "A jornada rumo ao desagravo (*vindication*)"]. Com isso, creio que poderá ser mantido o fluxo da leitura e saberá o leitor que se trata, no original, de acepções diversas do mesmo termo. Como mencionou o autor em uma de nossas conversas acerca da tradução, a Justiça Restaurativa abre o significado de algumas palavras porque abre, antes – ou simultaneamente –, nossa compreensão.

2) A Justiça Restaurativa vem experimentando no Brasil uma divulgação exponencial, quer seja em eventos, cursos, formações, projetos, trabalhos acadêmicos ou referências bibliográficas em geral. Alguns termos têm sido reiteradamente incorporados a esse imenso manancial, embora possam gerar salutares questionamentos. Levando em conta que qualquer inovação poderia mais confundir do que elucidar, optei por manter algumas expressões já "tradicionais" nos textos de JR em nosso idioma.

É o que se dá, por exemplo, com a palavra "dano", utilizada no âmbito da JR principalmente em três contextos: (i) *reparação do dano*; (ii) referência a *quem sofreu o dano* e (iii) referência a *quem causou o dano*. Ao leitor que se inicia nos textos de JR, pode ocorrer que venha a relacionar a palavra "dano" – especialmente na terceira acepção – a "dano patrimonial". O risco é maior entre aqueles com formação jurídica, uma vez que o Código Penal tipifica exatamente o crime de dano: "Art. 163: Destruir, inutilizar ou deteriorar coisa alheia". Assim, é preciso consignar que a palavra "dano" é utilizada para traduzir tanto *harm* como *damage* e não se restringe a dano patrimonial.

Da mesma forma foi mantida, em consonância com a quase totalidade dos textos de JR, a palavra "ofensor" como tradução de *offender*, que é aquele que causa o dano (compreendido este termo em consonância com o que foi acima exposto). Também aqui, ao novel leitor de JR, pode causar espécie a palavra – em nosso idioma, uma vítima de roubo, por exemplo, não diria de si mesma ter sido "ofendida". É que, talvez, a primeira imagem mental formada pela palavra ofensa seja a de um agravo à honra, uma injúria. Assim, é preciso ressaltar que tanto "ofensa" como "ofensor", nesta tradução, são termos que possuem uma acepção bem mais ampla, que abrange qualquer espécie de dano.

Longe de serem firulas linguísticas, as questões relacionadas à escolha das palavras são de importância capital na JR. Afinal, é fundamental para a Justiça Restaurativa reencontrar e dar espaço à complexidade dos problemas da convivência, com frequência esmaecida por uma linguagem que rotula, estigmatiza, reproduz preconceitos. Não obstante as palavras escolhidas, uma tal perspectiva poderá restaurativamente suplantar as falhas da presente tradução e aproximar o leitor do espírito deste livro e de seu autor.

• • • • • • • • • •

Um bom texto de Justiça Restaurativa é sempre um convite ao diálogo. Mas o texto que o leitor tem em mãos faz mais: cria comunidade. É o que aconteceu no restaurativo processo de tradução da obra em que o "pai" da Justiça Restaurativa – embora ele não goste desta designação – compartilha muito do que aprendeu e do que ensinou ao longo de sua jornada. Este não poderia ser um processo solitário e quero agradecer a todos que se juntaram, de alguma forma, a ele. Na busca de uma solução para o "problema *vindication*", dentre outros, foram fundamentais as contribuições e insights de Fátima de Bastiani, João Henrique Garcia Dias, Egberto Penido, Luís Bravo, Lucia Lamberti, Sheila Ingham. O interesse do autor pela fotografia é apenas o mais conhecido dentre tantos outros como, por exemplo, a arte, a pesca e o radioamadorismo. A comunidade da tradução, portanto, incluiu esses assuntos. Agradeço minha prima fotógrafa Edith Maria Borges Schmidt; minha sobrinha galerista Mariana Iacomo; os amigos Mohamed Ali Sufen Filho (apaixonado por pesca) e Luis Antonio Hajnal (que, como o autor, gosta de montar e desmontar equipamentos eletrônicos). E agradeço as trocas com Udo Simons e Samuel de Jesus Pereira. Talvez algumas questões sobre as quais conversamos pudessem ter sido elucidadas por alguma IA, mas não teria a menor graça. E por fim: disse acima que a tradução somente terminou porque havia um prazo. Não é toda a verdade – foi também graças à ajuda, disciplina e encorajamento do amigo Alberto Silva Franco. O texto que o leitor tem em mãos incorporou suas preciosas sugestões.

E quem não poderia faltar nessa comunidade da tradução restaurativa? Ele próprio, o autor. Não era uma lenda: Howard Zehr realmente responde mensagens quase que imediatamente. Por intermédio da Profa. Lia Diskin foi feito o primeiro contato e ele mostrou-se tão disponível que o meu assombro ao ver seu nome na caixa de entrada de e-mails (e depois seu rosto nas chamadas por zoom) cedeu lugar àquela sensação confortável que se experimenta na presença de um amigo. Mas logo virou assombro novamente. Afinal, do outro lado da tela estava o homem que fez – e faz – pessoas ao redor do mundo acreditarem que é possível viver de modo restaurativo e transformarem realidades de um modo antes dele inconcebível. A gentileza, a atenção e a disponibilidade de Howard Zehr me mostraram que sua obra e suas realizações não são mais que o prolongamento do seu jeito de ser.

Boa leitura.

Nota do Editor

Quem é Howard Zehr?

Howard Zehr é inquestionavelmente reconhecido como um dos fundadores e pioneiros da Justiça Restaurativa. Como diretor do National Criminal Justice Resource Office, e depois como professor de Justiça Restaurativa num programa internacional de pós-graduação, ele auxiliou e orientou muitas pessoas e organizações, proferiu palestras e prestou consultoria em diversos países.

Suas numerosas publicações incluem *Trocando as lentes*, o livro que, no início, ajudou a definir o campo da JR, e o best-seller *Justiça Restaurativa*. Muitos desses livros foram traduzidos e publicados em outros idiomas.

Ele também foi um fotógrafo profissional e publicou vários livros sobre fotografia, que serão mencionados adiante.

Mais informações estão incluídas na seção "Sobre o autor" na página 213.

> "Ninguém fez mais do que Howard Zehr para inspirar uma abordagem criativa da JR nos habitantes deste planeta."
>
> – John Braithwaite, Professor Emérito, Australian National University

O começo da Jornada

Antes da "Justiça Restaurativa" havia o VORP. Esse Projeto ou Programa de Reconciliação Vítima-Ofensor teve início em 1974 em Elmira, Ontário, Canadá e pouco depois em Elkhart, Indiana, EUA. O projeto de Elkhart – desenvolvido pelo chefe do departamento de condicional juvenil, Steve Miller, e outros oficiais de condicional – estava sediado ali. Quando cheguei ao Departamento, em 1978, e assumi a coordenação, diversos casos já haviam sido atendidos, mas o programa estava um pouco estagnado.

A ideia por trás da "reconciliação" (posteriormente deixamos de usar este termo que pode causar mal-entendidos) entre vítima e ofensor era possibilitar que as vítimas – que assim o desejassem – ficassem frente a frente com o autor do crime num encontro facilitado por um mediador. Isso dava às vítimas a oportunidade de conhecer o rosto da pessoa que as prejudicara, expressar seus sentimentos e contar suas histórias, obter respostas para suas muitas perguntas e receber algum tipo de restituição pelo dano sofrido.

Para aqueles que causaram o dano, o encontro proporcionava uma oportunidade de compreender o impacto de suas ações nas pessoas atingidas e de assumir responsabilidade pelo que tinham feito. Na melhor das hipóteses possibilitaria o surgimento de alguma compreensão e empatia em todos os envolvidos. E a atuação de facilitadores comunitários treinados representaria a presença da própria comunidade.

Howard sendo entrevistado no metrô para um jornal de circulação nacional, durante um tour de palestras no Japão em 2006.

No início participei com relutância. Minha prática na justiça havia sido sempre do lado dos réus e dos prisioneiros. Eu não sabia nada sobre as experiências das vítimas e resistia em colaborar com "o sistema". No entanto, não demorou para que minhas percepções mudassem, o que ocorreu quando vi o que acontecia nos encontros entre "vítimas" e "ofensores".

• 14 •

Naquele período nosso programa se limitava a casos como furto, dano patrimonial e roubo praticados por jovens. Devido ao sucesso dessas experiências, o oficial de condicional Lonnie Buerge – meu principal contato no departamento – sugeriu que já era hora de encarar um caso sério envolvendo adultos. Ele propôs o caso de Harry Fred Palmer, condenado em 1978 por pelo menos uma dúzia de furtos em residências daquela região.

Entre as vítimas de Fred estava Randy Yohn e sua família. Fred não sabia disso até invadir a casa, mas Randy era o Chefe de Polícia Adjunto do Condado de Elkhart. Ele e sua esposa estavam dispostos a se encontrar com Fred em sua própria casa – a mesma que ele invadira – pois assim Fred perceberia o significado daquilo que havia feito e quaisquer divergências em relação aos danos poderiam ser resolvidas. Esse encontro – que Lonnie e eu facilitamos – correu bem. Fred ficou abalado ao se dar conta do impacto daquilo que fizera e a família achou a reunião proveitosa.

Diante do sucesso desse caso decidimos encarar um outro, também envolvendo Fred. Enquanto Randy e Tonya Brown estavam viajando em lua de mel, Fred estacionou um caminhão em frente à casa deles e furtou todos os seus pertences.

"Se eu estivesse lá poderia facilmente ter-lhe dado um tiro", disse Randy Brown. Na verdade depois descobrimos que em um assalto anterior Randy havia desarmado seu agressor e atirado nele. Randy estava ansioso por um confronto, mas as coisas acabaram sendo muito diferentes do que imaginara. Conforme conversava com Fred, Randy começou a entendê-lo e a se identificar com ele. "Fred e eu temos muito em comum", disse.

Como ressarcimento Randy e Tonya pediram que Fred fosse à casa deles nos finais de semana para cortar lenha. "Se fosse eu", disse Randy, "não sei se teria escolhido ir para a prisão ou enfrentar as pessoas que prejudiquei".

Diante dos resultados dos encontros – e considerando que Fred tinha sido um cidadão cumpridor da lei até ficar profundamente marcado pela guerra do Vietnã – o Juiz William Bontrager decidiu que, em lugar da sentença obrigatória de 10 a 20 anos, seria melhor manter Fred na prisão por um período suficiente para poder entender a gravidade do que tinha feito, mas não excessivo a ponto de prejudicá-lo. Fred foi então condenado a 205 dias de prisão. Em seguida, deveria voltar à comunidade e reparar os danos causados.

Infelizmente, a história não termina aqui. O promotor apelou dessa "sentença extremamente peculiar", e ela foi revogada pela Suprema Corte de Indiana. Três anos depois de sair da prisão Fred teve que voltar para cumprir o restante daquela sentença que estabelecia uma pena obrigatória de 10 a 20 anos.

Durante os três anos em que permaneceu em liberdade, Fred ressarciu o dano e tornou-se amigo de Randy Yohn. O caso ganhou notoriedade em todo país e acabou aparecendo na TV nacional num documentário chamado *Going Straight*, apresentado pelo ator linha-dura George Kennedy. No programa, Randy aparecia dirigindo sua viatura policial em direção à prisão em que foi visitar Fred. Ele comentou que havia dito a Fred, enquanto este ainda estava solto, que sairia de férias. E em seguida pensou: "Eu acabei de contar para a pessoa que invadiu a minha casa que vou viajar! Mas acredito que Fred tomaria conta dela melhor do que eu".

Fred e sua família tornaram-se parte da nossa comunidade religiosa no Southside Mennonite Fellowship. O grupo ajudou a organizar uma campanha para que o governador concedesse a comutação da pena, o que finalmente aconteceu. Randy Yohn se tornou Chefe de Polícia do Condado de Elkhart e atuou no Conselho do nosso programa, que depois dirigiu por um breve período ao se aposentar. O juiz Bontrager foi multado por desacato ao tribunal. Por fim ele deixou a magistratura, em parte por se opor às sentenças obrigatórias, e mudou-se para o Leste Europeu para ensinar Direito e Justiça Restaurativa.

Embora esse tenha sido o mais notável dentre os primeiros casos, experiências como essa me forçaram a repensar o que achava que sabia sobre justiça, a "trocar as minhas lentes". Conforme tentava articular o que estávamos aprendendo, percebi que isso tudo tinha implicações muito maiores do que apenas os encontros entre vítimas e ofensores. Comecei a sistematizar várias correntes de pensamento e experiências em um conceito abrangente, uma filosofia. Como precisava de um nome que ressoasse nas pessoas, descobri o termo "Justiça Restaurativa", que fora mencionado brevemente em um artigo de Albert Eglash, e o adotei para designar o conceito.

> Eu tinha me esquecido de onde tirei o nome "Justiça Restaurativa" até o dia em que a pesquisadora sul-africana Anne Skelton veio ao meu escritório e ali encontrou o livro contendo o ensaio de Eglash em que essa expressão estava sublinhada. Ela rastreou o termo até chegar a um teólogo alemão da década de 1950. No entanto, o pesquisador dinamarquês Christian B. N. Gade, no livro *Nordic Mediation Research*, diz ter encontrado a mesma designação sendo utilizada em contextos variados em escritos que remontam a 1834.

Uma das controvérsias atuais no campo da Justiça Restaurativa é o quanto ela se baseou nas práticas da justiça indígena, ou até se apropriou delas. Lamento dizer que, na época em que desenvolvia meu pensamento, ignorava quase completamente essas tradições. Ao contrário, desenvolvi meu pensamento a partir das minhas próprias tradições "indígenas" ocidentais – históricas, religiosas, experienciais – e só mais tarde percebi muitas ressonâncias importantes com várias tradições dos povos originários. Falarei mais sobre isso adiante.

Sobre este livro

Ao longo dos anos, tenho explicado e desenvolvido o meu entendimento acerca da Justiça Restaurativa em muitas palestras e publicações. Os livros mais conhecidos são: *Trocando as lentes* e *Justiça Restaurativa*. O presente volume inclui palestras e textos relacionados à Justiça Restaurativa que não são fáceis de encontrar. Também estão incluídas algumas reflexões sobre fotografia, pois na busca pela justiça esta tem sido para mim uma forma de expressão tão importante quanto a palavra escrita.

Para reunir o material deste livro, entreguei à editora Phyllis Pellman Good diversos textos e palestras e deixei que ela decidisse quais poderiam formar um conjunto coerente e útil. Em seguida fizemos algumas adaptações menores. Por exemplo, nos esforçamos para evitar as repetições, mas com o intuito de manter a integridade de cada texto algumas permaneceram. E em que pese não termos incluído todas as fontes e referências – para possibilitar maior fluidez da leitura – elas podem ser encontradas nas publicações originais.

Por muitos anos trabalhei como fotógrafo em meio período. Numa de minhas atividades de fotojornalismo para o Mennonite Central Committee (MCC), viajei com um casal de veterinários do MCC que mantinha uma criação de camelos no norte do Quênia. Coerentes com o MCC e os valores da Justiça Restaurativa, eram camelos muito interativos.

Phyllis e seu marido Merle, meus editores de longa data, também insistiram para que eu adicionasse algumas histórias e fotos da minha vida pessoal e do meu trabalho. Relutei por não ter muito interesse num texto autobiográfico, mas finalmente concordei em inserir algumas, inclusive as que estão no capítulo sobre o meu longo vínculo com o radioamadorismo.

Constam, em cada um dos capítulos seguintes, breves trechos introdutórios que escrevi para fornecer algum contexto. Também trago informações adicionais (nas barras laterais) com explicações ou histórias, e concluo a maioria dos capítulos com uma seção de reflexões e/ou casos, e – às vezes – fotos. As introduções e reflexões finais, que não fazem parte do texto original, podem ser identificadas pela mudança de fonte – estão em itálico.

Quando me envolvi com o VORP, uma das minhas primeiras publicações foi um manual de "como fazer" intitulado "The VORP Book", composto por vários capítulos. O capítulo II era uma visão geral do processo. Ilustrei os últimos passos e, infelizmente – digo agora olhando para trás – terminei de maneira bastante ingênua:
"É realmente só isso.
Uma pitada disso,
Um formulário para aquilo,
Siga a receita,
Tempere a gosto,
E isso é tudo que é necessário para preparar um VORP!"

Algumas partes deste livro podem parecer divagações e recordações de um homem idoso, e por uma boa razão. Ele surge num estágio da minha vida em que estou buscando conscientemente sair de cena. Após quase meio século de atividades, é hora de realmente me aposentar e abrir espaço para outros. Por essa razão, tive sentimentos ambivalentes quanto a seguir publicando. Graças à visão, ao encorajamento e ao apoio de Phyllis e Merle, este livro foi lançado pela editora deles, a Walnut Street Books.

PARTE I

O que é exatamente a Justiça Restaurativa?

CAPÍTULO 1

Justiça Restaurativa: a promessa, o desafio

Uma conversa com
Katia Cecilia Ornelas-Nuñez

A Justiça Restaurativa tem despertado muito interesse no México. Em 2014 o Centro de Resoluções Alternativas de Conflitos do Poder Judiciário do Estado de Tamaulipas me convidou para apresentar uma conferência. Fui entrevistado por Katia Cecilia Ornelas-Nuñez, uma advogada mexicana com experiência de trabalho na transformação do sistema de justiça criminal mexicano e na defesa dos direitos humanos e dos direitos das mulheres. Formada em nosso programa de Mestrado no Center for Justice and Peacebuilding – CJP, da Eastern Mennonite University, e sendo uma amiga, Katia foi a interlocutora ideal para essa conversa.

O foco central da entrevista está, primeiramente, nas possíveis aplicações da Justiça Restaurativa no âmbito do sistema do direito criminal (em oposição ao direito civil). No entanto, como ficará claro ao longo desta coletânea, a Justiça Restaurativa hoje tem áreas de aplicação muito mais amplas, algumas das quais são intencionalmente independentes de instituições formais, como o sistema de justiça.

Howard e Katia (à esquerda) durante a Conferência

Katia Ornelas (KO): O que é a Justiça Restaurativa (JR)? Qual é a diferença em relação ao sistema punitivo de justiça criminal?

Howard Zehr (HZ): A Justiça Restaurativa começou como um esforço para se lidar com o crime de uma maneira melhor. Agora também está sendo adotada em escolas e em muitas outras áreas, mas nossa preocupação inicial era com o sistema de justiça criminal. Um caso que aconteceu em 1974 no Canadá é considerado como o início de tudo. Na mesma época, no norte do estado de Indiana, EUA, alguns oficiais de condicional tiveram uma ideia semelhante e começaram a trabalhar com a JR. Entrei em cena no final dos anos 1970 quando fui convidado a desenvolver essa ideia que, na época, não tinha nem forma nem definição precisas.

Imediatamente comecei a escrever manuais, delineando o que imaginava que poderia ser realizado. Já no final da década de 1970 e início da década 1980 algumas pessoas começaram a vir da Alemanha, da Inglaterra e de outros países para os Estados Unidos e, ao voltarem para seus países de origem, implementavam algumas das iniciativas que tinham conhecido.

Assim, a ideia daquilo que se tornaria a Justiça Restaurativa começou a se espalhar. Naquela época não havia uma teoria ou um nome. Estávamos apenas tentando resolver um problema. Não tínhamos um embasamento teórico para o conceito.

> Na década de 1980 tanto o Reino Unido quanto a Alemanha instituíram várias formas de conferências vítima-ofensor que evoluíram posteriormente para outras aplicações inovadoras da Justiça Restaurativa.

KO: O que vocês estavam tentando resolver?

HZ: Tínhamos três grandes preocupações. Primeiramente, sabíamos que enquanto sociedade estávamos punindo pessoas demais. Mas não estávamos atribuindo responsabilidade a elas de um modo que fizesse sentido ou que as ajudasse a compreender o que tinham feito e a se responsabilizarem por isso.

Em segundo lugar, estávamos preocupados com as vítimas. Além de serem excluídas, muitas vezes estavam sendo retraumatizadas pelo processo de "justiça".

E, em terceiro lugar, estávamos preocupados com o fato de que a comunidade estava sendo posta de lado. Realmente acreditávamos que uma comunidade se fortalece quando se envolve nessas questões. Quando delegamos tudo para o sistema de justiça criminal, enfraquecemos a comunidade.

Assim, de início não tínhamos em mente uma filosofia que fosse abrangente. Em vez disso, começamos reunindo vítimas e ofensores – aqueles que estivessem dispostos a se encontrar – para conversar sobre o que havia acontecido. As vítimas podiam expressar sua raiva, contar suas histórias e obter respostas para suas perguntas. Os ofensores podiam escutar as experiências das vítimas.

Imagina-se com frequência a JR como sendo uma prática que permite o encontro entre vítimas e ofensores. Isso é *uma parte* do trabalho da JR – "conferência vítima-ofensor", conferências de grupo familiar, círculos, e outros modelos semelhantes. No início a JR era principalmente a tentativa de reunir quem tinha sido prejudicado com quem causara o dano, em um processo facilitado. Envolvia as pessoas que tinham sofrido o dano e as que o tinham causado. Na medida em que adquirimos mais experiência, percebemos que é muito mais do que isso. Há um *continuum* de abordagens na implementação dos princípios da Justiça Restaurativa. Algumas são mais restaurativas do que outras. Por exemplo, um programa de reintegração social de egressos do sistema prisional pode fazer uso da conferência familiar para auxiliar no planejamento da reinserção, pode entrar em contato com a vítima para verificar quais são as suas necessidades, mas não necessariamente promoverá o encontro entre a vítima e o ofensor.

KO: Se a JR não é um programa ou um modelo específico, qual é a sua essência?

HZ: O que realmente importa são os seus princípios ou o seu conceito de justiça. Reside aí a distinção mais aguda em relação ao sistema de justiça criminal.

O sistema de justiça criminal tende a formular três perguntas:

- Quais leis foram violadas?
- Quem fez isso?
- O que essa pessoa merece?

O foco é garantir que os ofensores recebam aquilo que merecem – em geral, um castigo.

Não há nenhuma consideração para com a vítima, uma vez que ela realmente não faz parte do sistema de justiça criminal. O crime é considerado como sendo uma ação contra o governo, contra o Estado.

A Justiça Restaurativa muda as perguntas. Ela indaga:

- Quem sofreu o dano?
- Quais são as suas necessidades?
- Quem tem a obrigação de atendê-las?

O foco da Justiça Restaurativa está nas necessidades e obrigações e não tanto naquilo que o ofensor merece. A vítima é tão importante quanto o ofensor nesse processo.

A JR inverte a situação, de modo que as necessidades da vítima sejam atendidas e as obrigações do ofensor sejam discutidas e enfrentadas. O conceito se baseia integralmente na realidade de que nós, seres humanos, estamos enraizados em relacionamentos e que os relacionamentos importam.

Em sua forma mais simples, a JR se baseia em três princípios básicos. O primeiro é que um dano foi causado, e o dano gera necessidades. O que realmente importa são os danos. O primeiro princípio da Justiça Restaurativa é que precisamos reparar os danos e atender as necessidades.

O segundo princípio é o das obrigações. A pessoa que causou o dano tem uma obrigação. E outras pessoas podem ter obrigações também. O segundo princípio tem a ver com a identificação das obrigações.

O terceiro princípio é o da participação ou do envolvimento. Todas as pessoas que foram afetadas ou que de alguma forma tiveram alguma participação no que aconteceu devem tomar parte da solução.

O conceito da JR é baseado em relacionamentos e em necessidades, em contraposição a um conceito de justiça legalista centrado no ofensor e no castigo que ele merece.

Atualmente existem muitos programas, mas o que é mesmo fundamental é a perspectiva, o que se compreende por justiça. Por exemplo, diante de seus casos meus amigos advogados que trabalham na área criminal vêm se perguntando cada vez mais: quem sofreu o dano? Quais são as suas necessidades? De quem são as obrigações? Como podemos engajar todas essas pessoas no processo? Mesmo sem programas específicos de Justiça Restaurativa, o conceito está sendo usado de várias maneiras criativas. Às vezes isso implica o encontro entre vítimas e ofensores; às vezes não.

Também é essencial combinar princípios e valores. São muitos os valores que fazem parte do campo da Justiça Restaurativa, mas vou destacar particularmente três que começam com a letra "R": respeito, responsabilidade e relacionamento. A JR manifesta esses valores e as abordagens restaurativas devem estar fundamentadas neles. Se não tratarmos as pessoas com respeito não estaremos praticando a Justiça Restaurativa.

KO: Quais são alguns dos desafios da Justiça Restaurativa? Por exemplo, algumas pessoas demonstram uma certa preocupação por considerarem que a JR é muito indulgente. A JR é branda se comparada ao sistema de justiça punitivo?

HZ: Entendo que muitas pessoas possuem uma concepção equivocada acerca da Justiça Restaurativa. Policiais de todo o mundo perguntam: "Vocês vão dar as mãos e cantar 'Kumbaya'*?". De alguma forma a crença é que a JR acarreta a impunidade dos infratores. Na realidade, a JR responsabiliza os infratores de uma maneira mais intensa do que a punição é capaz de fazer.

A JR é muito difícil de ser realizada. Enfrentar a pessoa a quem você causou um dano não é fácil. Você tem que enfrentar as consequências do erro que cometeu. Ofensores que estiveram presos dizem, com frequência, que é muito mais fácil ir para a prisão do que encarar suas vítimas. Já vimos situações em que membros de gangues, diante da proximidade da realização de um encontro

---

* "Kumbaya" é uma canção tradicional espiritual afro-americana que evoca proteção divina para pessoas oprimidas. Especialmente nos anos 1960, era icônica em movimentos de resistência e protesto. No entanto, nas últimas décadas,= a referência passou a ser utilizada de forma irônica, especialmente por políticos, para ridicularizar grupos de pessoas e abordagens consideradas ingênuas (na melhor das hipóteses) por acreditarem numa convivência pacífica e harmoniosa (v. ref. abaixo). No Brasil uma expressão equivalente em seu significado considera que os praticantes e entusiastas da Justiça Restaurativa são "aquelas pessoas que abraçam árvores". Fontes: https://www.npr.org/2012/01/13/145059502/when-did-kumbaya-become-such-a-bad-thing#:~:text=The%20word%20%22kumbaya%22%20is%20believed,Someone's%20singing%2C%20Lord%2C%20kumbaya e https://blogs.loc.gov/ [Acesso: 18 jan. 2024] [N.T.]

já agendado com as vítimas, começaram a tremer tanto que a reunião teve que ser adiada para que pudessem se recompor. Justiça Restaurativa não significa que não haverá consequências.

Embora possa incluir a realização de um encontro face a face, a JR é diferente da mediação. Na mediação as partes estão em pé de igualdade moral. No entanto, em um caso de Justiça Restaurativa alguém fez uma coisa errada, e analisar esse erro faz parte do processo. Na Justiça Restaurativa é preciso que o ato que causou o dano seja nomeado, o que é uma parte essencial de qualquer processo de justiça.

Acordos sobre as consequências também fazem parte do debate. E os acordos devem ser cumpridos. Em alguns casos, esses acordos podem ser combinados com outras consequências, incluindo o cumprimento de uma pena de prisão. É um total equívoco, até mesmo uma ingenuidade, pensar que a JR é um processo fácil.

KO: É essencial para a Justiça Restaurativa que as vítimas perdoem os ofensores? Defensores de mulheres contestam essa abordagem e temem a Justiça Restaurativa porque essa questão do perdão poderia colocar a vítima em um lugar de vulnerabilidade, em que ela seria retraumatizada.

HZ: Este é um equívoco problemático. A JR não se apoia, em absoluto, no perdão; trata-se de fazer com que os ofensores sejam responsabilizados; trata-se de atender às necessidades das vítimas.

Se as vítimas optarem por algum grau de perdão, isso é uma decisão pessoal delas. Os programas sérios de Justiça Restaurativa não pressionam pelo perdão.

A Justiça Restaurativa busca atender às necessidades, responsabilizar os ofensores e engajar todas as pessoas envolvidas no processo. Tudo isso tem que ser feito com segurança. O que acontece é que algumas pessoas escolhem perdoar. A mídia adora essas histórias e dá a elas um grande destaque, o que cria uma percepção de que a Justiça Restaurativa está automaticamente ligada ao perdão. O fato de que algumas pessoas decidem perdoar não significa que essas duas coisas devam andar juntas.

De fato, quando vítima e ofensor são cuidadosamente preparados e se reúnem com a assistência de facilitadores treinados, sabemos que muitas vezes acontece uma redução da tensão durante o encontro, o que possibilita uma melhor compreensão recíproca. As pesquisas mostram isso. Também sabemos que as vítimas ficam menos traumatizadas quando passam por este processo.

A aplicação da JR em casos de violência doméstica tem sido uma questão bastante controvertida, e por razões importantes. Nessas situações os procedimentos que envolvem contato direto entre vítima e ofensor devem ser utilizados com muita cautela. Várias comunidades planejaram e desenvolveram cuidadosamente alguns procedimentos de JR para casos de violência doméstica, incorporando estratégias que garantem a segurança.

Quer se considere apropriado ou não o encontro entre a vítima e o ofensor, a estrutura fundamental continua a ser o foco nas necessidades, nos danos, nas obrigações e no engajamento.

KO: Você pode falar mais alguma coisa a respeito de como as vítimas ficam menos traumatizadas em razão desses procedimentos?

HZ: Um estudo importante realizado há alguns anos na Inglaterra analisou pesquisas feitas no mundo todo. A conclusão foi no sentido de que existe uma quantidade significativa de evidências que demonstram, de modo convincente, a redução do trauma e do transtorno de estresse pós-traumático em vítimas que passam por processos de Justiça Restaurativa. Essa redução é tão substancial que, se esses processos fossem aplicados em nível nacional, poderiam diminuir os custos com assistência médica.

KO: O que mais poderia impedir o engajamento das vítimas nesses processos?

HZ: Infelizmente o planejamento de muitos programas não conta com a participação das vítimas e nem de seus defensores. Eu acredito firmemente que tanto as vítimas como os seus defensores devem participar de todas as etapas do desenvolvimento e do planejamento dos programas, porque somente eles têm a capacidade de perceber se algo essencial está faltando, se alguma coisa indevida está sendo feita, se a linguagem é insensível, e assim por diante.

Muitas vezes, as pessoas dão início aos programas e, somente então, aproximam-se dos defensores das vítimas e dizem: "Por que vocês não se juntam a nós?". É um erro não os incluir desde o início. O sistema de justiça criminal também não costuma envolvê-los.

Outro ponto de cuidado é que as pessoas que trabalham com a Justiça Restaurativa, em geral, já tiveram alguma atuação junto aos ofensores e, por isso, não possuem nem conhecimento suficiente, nem sensibilidade em relação aos interesses e preocupações específicas das vítimas. Já aconteceu de organizações atuantes na defesa dos acusados entrarem em contato comigo dizendo: "Olhe o nosso site. Nosso grupo agora adotou a JR". Vejo o site deles e encontro 32 coisas que você pode fazer para ajudar os ofensores. E não há nem uma única menção às vítimas.

KO: O que é preciso para que uma sociedade, um país, implemente a abordagem da Justiça Restaurativa em seu sistema de justiça criminal e a faça funcionar?

HZ: Com base na minha experiência e perspectiva pessoais, acredito que uma abordagem verdadeiramente restaurativa deve envolver a colaboração entre o sistema de justiça criminal e a comunidade.

Hoje nos Estados Unidos há um movimento dentro da área jurídica que reivindica uma parceria mais eficaz entre os profissionais da justiça e as comunidades. Os defensores dessa colaboração argumentam que precisamos uns dos outros. Precisamos da expertise profissional, mas também precisamos dos insights e do envolvimento comunitário.

Por exemplo, práticas de Justiça Restaurativa – como os processos circulares – têm sido descobertas como instrumentos de empoderamento das comunidades para que possam lidar com os seus problemas. Kay Pranis, uma das principais entusiastas e instrutoras de processos circulares nos Estados Unidos, acredita que os círculos e outros processos restaurativos podem ajudar a "reconstruir" o tecido da comunidade.

Um promotor de justiça encarregado do combate às drogas em uma grande cidade fez uma operação de repressão ao tráfico e, em seguida, realizou um círculo com traficantes e com a comunidade que estava sendo afetada por eles.

Os traficantes ouviram diretamente da comunidade como ela estava sendo afetada. Essa pareceu ser uma abordagem muito criativa para um problema complexo.

Idealmente, a Justiça Restaurativa não trata apenas de atender às necessidades das vítimas. Trata também de atender às necessidades dos ofensores. Muitos jovens entram para o tráfico por não terem outras opções econômicas ou por procederem de famílias disfuncionais. O modelo da Nova Zelândia utiliza conferências restaurativas, que eles chamam de Conferências de Grupo Familiar. Nelas, não apenas se conversa com as vítimas sobre suas necessidades, mas também se dialoga com os ofensores sobre o que está acontecendo em suas vidas e o que precisa ser feito para que encontrem maneiras criativas de parar de cometer infrações e de seguir em direção a uma vida saudável.

Ainda idealmente, a Justiça Restaurativa cuida tanto dos danos *decorrentes* da infração quanto daqueles *revelados* por ela. Muitas vezes a infração é um sintoma de algum problema ou necessidade na vida de uma pessoa.

KO: A Justiça Restaurativa contribui para a prevenção dos crimes?

HZ: Os resultados das pesquisas geralmente são bastante positivos, indicando que os ofensores que passam pela JR reincidem menos. Têm menor probabilidade de voltar a cometer o mesmo crime. O grande potencial de prevenção da Justiça Restaurativa também está sendo descoberto pelas escolas. Por exemplo: havia um grupo de estudantes de uma escola secundária em Wellington, capital da Nova Zelândia, que reiteradamente aparecia nos tribunais.

Depois de ter sido instituída uma espécie de programa de Justiça Restaurativa nas escolas, esse grupo de "infratores" não apareceu mais no sistema de Justiça. As questões passaram a ser resolvidas no próprio ambiente escolar, os alunos não estavam mais se envolvendo em problemas e não eram suspensos.

O que estamos descobrindo é que, quando a disciplina restaurativa é aplicada nas escolas – por exemplo, quando se utilizam os processos circulares para resolver as questões – as suspensões são reduzidas drasticamente.

O que acontece com frequência é que os alunos, quando suspensos, acabam se envolvendo em mais problemas. Portanto, para fortalecer a prevenção é necessário introduzir abordagens restaurativas nas escolas e em outros espaços da comunidade.

> Abordagens dotadas de uma orientação restaurativa têm sido utilizadas, por exemplo, em conflitos e danos nos ambientes de trabalho. Incorporar a Justiça Restaurativa na mediação é uma maneira de abordar questões relativas à justiça e à injustiça em vários contextos. Embora presentes na maior parte dos conflitos, tais questões são, com frequência, ignoradas pelas técnicas tradicionais da mediação.

A JR não traz um modelo pronto. Oferece, ao invés disso, uma bússola. Ela aponta para uma direção na expectativa de que em cada situação específica possa nascer o diálogo.

Antes da Conferência de 2014 mencionada acima, Katia (à direita na foto) e eu estávamos passeando no mercado em Victoria, Tamaulipas, quando percebemos que dois homens estavam nos seguindo. Resolvemos por fim abordá-los e eles disseram ser jornalistas. Estavam certos de que eu era Javier Sicilia, um famoso poeta e ativista mexicano que se tornara alvo das gangues em razão de sua militância contra elas, desencadeada pela morte violenta de seu filho.

Finalmente conseguimos convencê-los de que eu não era a pessoa que imaginavam e eles escreveram um artigo sobre a Justiça Restaurativa e a minha visita. Com a ajuda de nosso anfitrião, pudemos depois encontrar o Sr. Sicilia (à esquerda na foto). Como o Sr. Sicilia era amigo do famoso filósofo Ivan Illich, fomos à casa dele. Escrevi no meu blog: "No momento em que nos despedimos na varanda que dava para o jardim de Illich, apesar de não falarmos as línguas um do outro, senti que havia encontrado uma alma irmã e um amigo".

• • • • • • • • • •

Na entrevista acima, mencionei que a Justiça Restaurativa pode ser aplicada mesmo quando não existem programas formais. Encontro inspiração, por exemplo, em meus amigos que são "advogados restaurativos" e que trazem a filosofia da JR para as situações com que se deparam. A advogada Brenda Waugh faz a seguinte descrição:

"Na minha prática restaurativa no Direito, eu tento não partir imediatamente em busca de uma tese para o caso, pesquisando precedentes ou estudando as normas aplicáveis ao julgamento. Em vez disso, paro e olho para as pessoas sentadas à minha frente e observo como elas estão sendo afetadas por suas experiências. Elas estão com medo? Por quê? Elas temem perder alguma coisa? Algum relacionamento importante foi prejudicado? Como posso contribuir para que os danos sejam sanados? O que podemos fazer juntos para atender às necessidades do meu cliente, da parte contrária e da comunidade? Posso criar um ambiente colaborativo e envolver todas as partes interessadas de modo que trabalhem para atender as necessidades e curar as feridas?"

• • • • • • • • • •

Frequentemente digo que as "lentes" da Justiça Restaurativa são tão importantes quanto os programas específicos – talvez até mais.

"A promessa e o desafio da Justiça Restaurativa" era o título do curso introdutório que dei por muitos anos no Center for Justice and Peacebuilding. Eu queria que os alunos entendessem não apenas o significado da Justiça Restaurativa e as promessas que ela traz, mas também as dificuldades e os perigos envolvidos. Às vezes, eu dizia que preferia os céticos aos "excessivamente crentes", que não conseguem enxergar aspectos negativos.

Como mencionei acima, é fácil que a Justiça Restaurativa seja mal compreendida ou mal utilizada. Durante uma das minhas visitas à Irlanda do Norte, por motivo de vingança ocorreu um tiroteio. Um político foi ao rádio apregoar: "Temos que parar com essa Justiça Restaurativa". Hum, não era exatamente isso que eu tinha em mente.

Em outra oportunidade, antes do acordo de paz, meu anfitrião e eu nos reunimos com um pequeno grupo paramilitar que afirmava estar praticando a Justiça Restaurativa. Quando eles explicaram como era o programa, perguntamos qual era o papel dos paramilitares. "Nós fazemos o transporte", eles disseram. Pedimos que explicassem melhor. "Bem, se você fosse bater na porta deles para pedir que viessem a uma conferência entre vítima e ofensor, eles diriam: 'Cai fora!'. Mas se nós formos até lá, eles dirão 'Só um momento, vou calçar meus sapatos'". Sequer passava pela cabeça dos integrantes do grupo que a ameaça de violência pudesse ser, por si, incompatível com a Justiça Restaurativa.

Em uma sessão de perguntas e respostas, durante uma conferência na Rússia, um participante me perguntou o que o promotor público dissera quando introduzimos a Justiça Restaurativa pela primeira vez. Relutante, disse-lhe que o promotor havia declarado tratar-se de um complô comunista. Quando as risadas cessaram, o mesmo participante disse: "Nosso promotor afirmou que era um complô da CIA!". Todos rimos ao perceber que enfrentamos desafios semelhantes.

Sempre que eu recebia um convite para falar em algum lugar, minha mulher Ruby me lembrava que certamente não seria apenas um evento. Isso tornou-se mais difícil na medida em que fui envelhecendo. Aqui estou dando uma palestra no National Institute of Criminal Sciences (INACIPE), Cidade do México, durante a mesma viagem da conferência acima referida.

CAPÍTULO 2

A jornada rumo ao pertencimento:

o que "vítimas" e "ofensores" têm em comum

Quem trabalha com Justiça Restaurativa é cauteloso – e com razão – ao utilizar os termos "vítima" e "ofensor" porque são expressões que rotulam as pessoas de uma forma muito simplista. Mantive-as aqui porque constavam dos textos originais, mas peço aos leitores que tenham essa cautela em mente.

A conferência a seguir transcrita foi apresentada, pela primeira vez, na Nova Zelândia.

Há pouco tempo, recebi uma tarefa desafiadora e um pouco arriscada: explorar *simultaneamente* a "jornada rumo ao pertencimento" que tanto vítimas como ofensores devem empreender. Considerei que a tarefa poderia ser um desafio fértil, mas preciso começar com duas advertências:

- Alguns de vocês podem considerar problemático tratar vítimas e ofensores em conjunto, e, em especial, supor que possa haver algum paralelismo ou mesmo intersecções em suas jornadas.

- Pelo menos parte do que digo deve ser compreendido como sendo investigações e sugestões, e não conclusões acabadas. Estou aqui, eu também, em uma jornada.

Este tópico e seu título – "A jornada rumo ao pertencimento" – sugerem que a alienação, assim como seu oposto, o pertencimento, são questões centrais tanto para aqueles que cometem ofensas, como para aqueles que as sofrem. A metáfora da jornada também sugere que o objetivo – pertencer – é produto de uma busca ou de um processo. Pertencer não é simplesmente algo que você faz ou não faz: são as extremidades de um *continuum* e é possível estar em algum ponto entre elas.

A jornada rumo ao pertencimento envolve uma jornada rumo à própria identidade, ao autoconhecimento. As duas estão profundamente entrelaçadas, como uma dupla hélice.

Todos, não apenas as vítimas e os ofensores, devemos percorrer e depois *refazer* tais jornadas rumo ao pertencimento e à identidade. Nós as empreendemos ao passar da infância para a idade adulta e, por vezes, refazemos alguns trechos na medida em que atravessamos outras etapas da vida. Mas quando enfrentamos situações que trazem insegurança, causam traumas ou nos transformam radicalmente, temos que revivê-las, como se estivéssemos começando outra vez.

Tais jornadas podem ser realizadas por caminhos seguros e saudáveis, mas também por caminhos nocivos. O racismo, o nacionalismo extremo, as gangues, os conflitos que testemunhamos na Irlanda do Norte ou na antiga Iugoslávia, o processo de *"outrificação"* que empregamos ao rotular os ofensores como *outsiders, ou pessoas "de fora"*

– são alguns dos desvios que ocorrem sempre que a nossa desesperada necessidade de pertencimento não é atendida de maneira salutar.

Para explorar essa jornada, sugiro que usemos as lentes da tragédia e do trauma (uma expressão mais comum, como "crime", aciona estereótipos e preconceitos). O que essas duas ideias trazem em comum é uma experiência trágica. Ao utilizarmos a lente da tragédia, podemos explorar a realidade com mais empatia e compreensão.

Vou usar a segunda lente – o trauma – de modo amplo, como um *continuum* que vai dos níveis elevados de estresse comum, em um ponta, até o estresse traumático e pós-traumático na outra. Essa é uma experiência fundamental tanto para vítimas quanto para ofensores.

Que as vítimas de crimes experimentam traumas é algo amplamente reconhecido, muito embora o trauma decorrente de ofensas consideradas "menores" seja com frequência negligenciado. O que é menos reconhecido é que também os ofensores, muitas vezes, passam por traumas, tanto em suas vivências anteriores à infração, como em suas experiências com a "justiça".

Na verdade a violência pode ser a reencenação de um trauma anterior que não foi tratado de modo adequado. Infelizmente a sociedade tende a responder impondo ainda mais trauma, na forma de encarceramento. As prisões de fato constituem a mais poderosa fábrica de traumas que posso imaginar. Embora essa realidade não deva ser utilizada como justificativa para a violência, é necessário compreendê-la e abordá-la.

Há alguns anos publiquei um livro de fotografias e entrevistas com homens e mulheres que cumpriam pena de prisão perpétua por homicídio. Anos depois, concluí um projeto semelhante com sobreviventes de violências graves. As conversas que tive, tanto com as pessoas que causaram as ofensas como com as que as sofreram, convenceram-me de que a questão do pertencimento – conexão e desconexão – está intimamente relacionada com as *causas* e também com a *transcendência* do trauma. Um elemento central do trauma é a desconexão. O caminho para transcendê-lo passa pela reconexão.

A jornada rumo ao pertencimento é com frequência composta de vários trechos ao longo de um caminho sinuoso, cheio de curvas que parecem voltar-se sobre si mesmas, como uma estrada na montanha.

A jornada rumo ao sentido

Penny Beerntsen estava correndo na praia quando foi atacada, arrastada para a floresta, estuprada, espancada e abandonada à beira da morte. Em meu livro *Transcending: Reflections of Crime Victims*, ela comparou sua recuperação ou "reorganização" a um quebra-cabeça. De acordo com suas reflexões, há mais de uma maneira de juntar as peças e a chave está em tentar encontrar como as peças se encaixam.

Tal como muitas das vítimas e sobreviventes que entrevistei, Penny descreve um mundo que saiu do prumo, um ordenamento lógico que foi destruído. Nessa desordem reside uma das principais raízes do trauma. A experiência da vitimização coloca em xeque nossas crenças mais fundamentais sobre quem somos, em quem podemos confiar e que tipo de mundo habitamos.

Isso inclui nossas crenças sobre o ordenamento do mundo, nossas experiências de autonomia ou controle pessoal e nossa percepção acerca de como nos relacionamos – onde nos encaixamos na teia das relações sociais. Nossa existência repousa sobre esses três pilares que vão sendo consolidados à medida que construímos nossas vidas, da infância à idade adulta. E de repente eles desmoronam.

A essência do trauma decorrente da vitimização pode ser identificada pelos "três Ds": Desordem, Desempoderamento e Desconexão. Portanto, é possível que o caminho do trauma para a cura implique em revisitar questões que acreditávamos estar resolvidas há muito tempo: Ordem, Empoderamento e Conexão.

Paradoxalmente, os ofensores devem percorrer um caminho que segue na mesma direção. Estou convencido de que os comportamentos agressivos com frequência decorrem do fato de aqueles pilares terem sido construídos de maneira pouco saudável. Por várias razões, como um trauma vivenciado na infância, é possível construir um mundo em que a Ordem esteja baseada na violência e na força; o Empoderamento, no exercício do domínio sobre os demais e a Conexão venha da afinidade com outros outsiders que também desconfiam das pessoas.

Para os ofensores, assim como para as vítimas, a jornada rumo à cura implica a reconstrução desses pilares, mas de uma maneira diferente. Para ambos, até que essas questões estejam resolvidas, não será possível experimentar o pertencimento. E como a jornada envolve relacionamentos, é impossível empreendê-la sem companhia.

Dizendo de outra forma: o trauma envolve a *destruição* do sentido. Transcender o trauma envolve a *recriação* do sentido. Não por acaso, tanto vítimas como ofensores que estão em jornadas de cura mencionam que o livro *Em busca de sentido,* de Viktor Frankl, baseado em sua experiência no Holocausto, foi importante para eles. No livro *Doing Life: Reflections of Men and Women Serving Life Sentences,* Tom Martin, que passou o resto de sua vida preso por ter cometido um homicídio, observou que as pessoas que costumam refletir sobre as coisas querem que cada dia tenha significado, mas o dilema é que muitos condenados à prisão perpétua pensam. "Então você não enfrenta cada dia se perguntando 'Como faço para sobreviver a mais um dia?', mas sim 'O que eu posso fazer para que este dia signifique alguma coisa?'"

Penny Beerntsen, a vítima sobrevivente que mencionei antes, descreve a jornada rumo ao pertencimento com uma metáfora que lembra uma estrada sinuosa na montanha, com uma sequência de curvas em S que parecem descontinuadas à primeira vista. As coisas pelas quais ela passou pareciam aleatórias, mas de repente surgiu entre elas uma providencial conexão. "É como se você começasse lá embaixo... tem uma curva, e não dá para ver o que há no final desse trecho. Há obstáculos no caminho. Então, você chega ao fim, e uau!, há outro trecho ali. E você segue em frente."

Recontando nossas histórias

Nossa identidade está enraizada em nossas histórias. Então, é preciso *"recontar"* as histórias da nossa vida para recriar um sentido. As pessoas que conceberam a Comissão da Verdade e Reconciliação na África do Sul reconheceram que a cura está condicionada aos seguintes fatores: olhar de frente para o passado, aceitá-lo e fazer as pazes com ele, traçar limites ao seu redor e integrar as experiências de dor e erros em uma nova história.

Memórias reprimidas são perigosas. Experiências dolorosas não devem ser negadas, mas integradas à pessoa que somos. Sharon Wiggins foi condenada à morte por um crime cometido quando tinha 13 ou 14 anos, mas a pena que efetivamente teve que cumprir foi a de prisão perpétua. Ela não tinha como negar seu violento e trágico passado, mesmo sendo difícil se reconhecer como sendo aquela mesma pessoa. Ainda assim, Sharon sabe que não seria quem é hoje sem tais experiências.

Há algum tempo, conheci um homem que passou muitos anos na prisão. Ele havia concluído o mestrado e, em liberdade, era uma pessoa bem-sucedida. Por baixo da camisa costumava usar a camiseta do tempo de prisão com seu número de identificação. Ele fazia isso para não esquecer onde estivera e quem tinha sido.

Tanto para as vítimas quanto para os ofensores, tal processo envolve não apenas contar suas histórias novamente, mas transformar histórias de humilhação e vergonha em histórias de dignidade, coragem e honra. Isso tem uma dimensão pública e uma dimensão privada. Por isso, Judith Lewis Herman, em seu livro seminal *Trauma and Recovery*, prefere a palavra "testemunho". Histórias – ou "testemunhos" – assumem novos contornos ao serem contados e recontados. Demandam ouvintes compassivos que tenham a capacidade de escutar e validar suas "verdades".

A jornada rumo à formação de um juízo

Para ambos, vítimas e ofensores, a jornada em direção ao sentido exige a elaboração de juízos morais acerca do que aconteceu e da sua própria responsabilidade. Gostando disso ou não, muitas vezes se pegam fazendo um grande esforço para compreender e explicar os fatos de modo a assumirem um grau de responsabilidade que seja adequado.

As vítimas tendem a se culpar, assumindo uma responsabilidade excessiva pelo que aconteceu. Para elas, uma necessidade fundamental é a de serem validadas (*vindicated*)*. Isso inclui o reconhecimento de que uma injustiça foi cometida contra elas e que outra pessoa é responsável; que elas, em última análise, não são culpadas. No entanto, como Judith Herman apontou em *Trauma and Recovery*, a maioria das vítimas considera que tampouco seria realista isentá-las totalmente da responsabilidade pelo que aconteceu e/ou pela forma como reagiram ao trauma. Para que se recuperem bem, é preciso que se encontre um ponto justo em algum lugar entre a responsabilidade total e a isenção total de culpa.

O mesmo pode ser dito quanto aos ofensores que estão no caminho da cura. Eles precisam reconhecer as coisas dolorosas e nocivas que foram feitas contra eles e, ao mesmo tempo, sua responsabilidade pelo dano que causaram. Recorrer aos traumas do passado para justificar os erros do presente não é uma atitude saudável, mas sem reconhecer e validar as experiências dolorosas, tampouco é possível ser saudável.

A maior parte dos ofensores foi ou acredita ter sido vitimizada. A violência é, em geral, a resposta a um ato percebido como agressão. Portanto, a violência – assim como o sistema de justiça criminal – é uma tentativa de desfazer

---

* Como explicado na Nota da tradução, p. 7-8, a palavra *vindication* do original em inglês (e suas variações) foi traduzida de diversas formas (a depender do contexto), em especial "validação" e "desagravo". No entanto, foi sempre mantida a referência, entre parênteses, ao termo original, para que o leitor compreenda tratar-se, nas várias passagens, de uma mesma necessidade da vítima. [N.T.]

uma injustiça. Essa noção de vitimização não deve servir para justificar qualquer agressão, tampouco deve ser ignorada, como se não existisse ou como se não desempenhasse uma função.

A jornada rumo à honra

Uma jornada rumo ao sentido inclui outra, em direção à honra e ao respeito. Esta, a seu turno, nos conduz ao tema da vergonha e ao da humilhação, sua parente próxima. Ambas surgem no contexto dos relacionamentos, de modo que a jornada rumo à honra está intrinsecamente ligada à jornada rumo ao pertencimento.

A vergonha é um tema muito controvertido no campo da Justiça Restaurativa. Muitos temem que seja utilizada de modo inadequado, que seja imposta ao invés de ser removida. Outros, como minha amiga Rosemary Rowlands da comunidade das Primeiras Nações no norte do Canadá, têm a convicção de que seu povo foi tão destroçado pela vergonha, que não conseguem imaginar um uso positivo do conceito. Embora eu reconheça esta como sendo uma preocupação legítima, estou convencido de que é essencial investigar o tema da vergonha, uma questão antiga e universal. Também estou começando a acreditar que a humilhação e seu oposto, a honra, continuam a atuar de modo poderoso, mas muitas vezes oculto.

Estou convencido de que a vergonha, juntamente com o desejo de evitá-la, removê-la ou transformá-la, é a motivação de grande parte da violência, senão de toda ela. E suspeito que a vergonha seja o componente crucial do trauma das vítimas, a ponto de direcionar e configurar suas necessidades de justiça.

Infelizmente também não tenho dúvidas de que a justiça, do jeito que a conhecemos, pouco faz para remover ou transformar a vergonha, quer se trate do ofensor ou da vítima. Na verdade o sistema de justiça muitas vezes aumenta a vergonha e a humilhação de todas as partes envolvidas. O resultado é que os infratores ficam propensos a reincidir e as vítimas, a exigir vingança.

No livro *Violence: Reflections on a National Epidemic*, James Gilligan argumenta que a vergonha e o desejo de se livrar dela motivam grande parte dos crimes. Se isso for verdade, então o remédio que aplicamos para o crime é bizarro: geramos mais vergonha, estigmatizando os ofensores (de uma forma que acaba por definir a identidades deles) e os incentivamos a se juntarem a outros *outsiders* em subculturas delinquentes. Culpa e vergonha formam um ciclo que se retroalimenta e se perpetua.

A vergonha é, basicamente, ineficaz como fator dissuasório para aqueles que já vivem às margens da sociedade, como os grupos racistas ou paramilitares. A vergonha alimenta ciclos de raiva e conduz, de maneira imperiosa, ao agrupamento daqueles que foram colocados no ostracismo. Com frequência, ela acaba por fortalecer aquilo que se pretende desencorajar. Lembro-me com nitidez das reflexões de um dos participantes de um curso que dei, um ex-prisioneiro paramilitar na Irlanda do Norte. Não foi a vergonha que o fez mudar – na verdade, os esforços feitos para envergonhá-lo haviam fortalecido sua determinação e sua solidariedade para com seus compatriotas. Ao contrário, o que o transformou foi uma nova visão acerca do sentido e do pertencimento.

Sentir vergonha e humilhação é um fio condutor que perpassa também as experiências das vítimas. A luta para remover ou transformar esses sentimentos é um elemento central na jornada rumo à cura e ao pertencimento. Por quê? A sociedade ocidental valoriza tanto o poder e a autonomia, que ser dominado pelos outros é vergonhoso. Quando somos vítimas nosso status é rebaixado.

Somos humilhados pelo acontecimento em si, mas também o somos, e com frequência, pela maneira como reagimos – o que fizemos ou deixamos de fazer na época, e como isso nos afetou posteriormente. A vergonha é ainda maior quando a nossa versão dos fatos não é validada pelos outros, ou quando somos forçados a guardar segredo sobre o que aconteceu.

Mas suspeito que possa também haver nisso uma outra camada. Ellen Halbert foi brutalmente atacada em seu quarto por um homem enfurecido, vestido de ninja, que ficara escondido no sótão de sua casa durante toda a noite. Quando a entrevistei, ela associou a vergonha sentida pelas vítimas à postura acusadora não só das outras pessoas, mas também delas próprias.

Quer tenhamos sido agressores ou vítimas, a jornada que nos leva do isolamento e do despedaçamento à superação e ao pertencimento requer que recontemos nossas histórias, de modo que elas não sejam mais apenas sobre vergonha e humilhação, mas, finalmente, sobre dignidade e triunfo. Todas as questões relativas a sentido, honra e responsabilidade fazem parte dessa jornada.

A jornada rumo ao desagravo (*vindication*)

Os processos que acontecem no âmbito da justiça podem contribuir com essa jornada ou nos desviar dela de várias maneiras. Quero analisar apenas uma dentre as importantes funções da justiça: o desagravo (*vindication*), a liberação de qualquer culpa ou suspeita.

A violência é frequentemente impulsionada pela necessidade de dar o troco, de se afirmar (*to vindicate oneself*), de substituir a humilhação pela honra. Tanto o ato criminoso como a justiça buscam fazer essa substituição.

Meu trabalho com as vítimas mostra que uma das necessidades mais básicas delas é a de serem desagravadas (*vindicated*). Trata-se de uma das principais demandas que as vítimas apresentam ao sistema de justiça. Acredito de fato que essa necessidade é mais básica e instintiva do que a de vingança. A vingança é apenas uma dentre as várias maneiras pelas quais alguém pode buscar a sua própria justificação (*vindication*).

O que o agressor fez, na verdade, foi tomar a sua vergonha e transferi-la para a vítima, fazendo com que ela se sinta diminuída. Quando as vítimas buscam o desagravo (*vindication*) na justiça, de alguma forma estão buscando devolver para o ofensor a vergonha e a humilhação que sofreram.

Ao denunciar o que foi feito de errado, atribuindo a responsabilidade de modo apropriado, o processo de justiça deveria contribuir para explicitar o que aconteceu. Mas se promovemos o desagravo (*vindication*) da vítima simplesmente transferindo a vergonha de volta para o ofensor, estaremos apenas repetindo e intensificando o mesmo ciclo.

Para que avancem em suas jornadas, vítima e ofensor precisam, ambos, encontrar formas de substituir a humilhação por dignidade e respeito. Vergonha e humilhação deveriam ser, no mínimo, removidas; idealmente, devem ser transformadas. No entanto, não é fácil que isso aconteça na estrutura retributiva do nosso sistema de justiça criminal.

Retribuição ou restauração?

O cometimento da infração ocasiona um desequilíbrio. Isso é algo que ambas as abordagens da justiça, a retributiva e a restaurativa, reconhecem por meio de uma intuição moral básica. Em consequência, sabe-se que a vítima merece algo e o ofensor deve algo. Ambas as abordagens concordam que deve haver uma relação proporcional entre o ato e a resposta. A distinção entre elas está na concepção *do que* irá restabelecer o equilíbrio e garantir a reciprocidade. A abordagem retributiva acredita que a dor é capaz de fazê-lo. No entanto, a experiência da vergonha e do trauma ajuda a explicar por que a retribuição não consegue, em geral, alcançar nem o que é desejado pela vítima, nem pelo ofensor. A retribuição como punição busca tanto validar a vítima (*to vindicate*), como dar o troco, mas, em geral, essa dinâmica é contraproducente.

A Justiça Restaurativa, por sua vez, entende que o que verdadeiramente promove o desagravo (*vindicates*) da vítima é o reconhecimento dos danos que ela sofreu e das suas necessidades, juntamente com um esforço ativo no sentido de encorajar o ofensor a assumir responsabilidades, corrigir os erros e olhar para as causas de seu comportamento.

Ao tratar a necessidade de desagravo (*vindication*) de uma forma positiva, a Justiça Restaurativa pode validar vítima e ofensor e ajudá-los a transformarem suas histórias.

Usei aqui as palavras "humilhação" e "honra". Poderia ter dito "desrespeito" e "respeito". A jornada rumo ao pertencimento é também uma jornada que vai do desrespeito ao respeito. Na verdade, essa jornada de pertencimento não é apenas para as vítimas e ofensores, mas para todos nós.

Há alguns anos tive o privilégio de coordenar um retiro em uma prisão juntamente com Kathleen Denison, diretora de uma organização sem fins lucrativos que trabalha com pessoas encarceradas. Ela observou que, no mundo da justiça criminal, os muros das prisões são realidades avassaladoras. Dentro desses muros de concreto cobertos por arame farpado mantemos pessoas trancafiadas e lhes apontamos dedos acusadores em razão do nosso medo, atribuindo-lhes culpa e vergonha para nos protegermos delas.

No entanto, os muros externos das prisões são reflexos de muros interiores. Dentro de cada prisioneiro e de cada vítima, dentro de cada um de nós, existem partes que mantemos trancadas e isoladas, escondidas dos outros, para as quais apontamos o dedo com um sentimento de culpa e vergonha. Todos nós temos traumas. Todos nós temos feridas internas, partes de nossa personalidade que mantemos escondidas. Costumamos condenar essas partes à prisão perpétua. Todos precisamos de cura.

A retribuição como caminho para alcançar a justiça faz com que esses muros permaneçam de pé e se tornem cada vez mais espessos. A abordagem restaurativa só será possível quando tivermos reconhecido e aceitado nossas feridas e traumas.

O mundo exterior reflete o mundo interior. Se não lidarmos com nossos traumas, a tendência será repeti-los. Se internamente somos governados pelo medo, é o medo que irá configurar a nossa visão de mundo. E se mantivermos os muros internos, não iremos nos sentir verdadeiramente pertencentes.

Como remover esses muros? A história bíblica daqueles que marcharam em torno das muralhas de Jericó e tocaram trombetas até que caíssem parece espetacular, mas pode ser um tanto impraticável para muitos de nós. Derrubar as muralhas parece uma atitude violenta. Diversamente, esse trabalho deve ser feito com delicadeza. Devemos remover essas muralhas com ternura, como disse o profeta Isaías acerca do Servo Sofredor: "[...] não quebrará o caniço rachado, nem apagará a mecha que ainda fumega, até que faça triunfar a justiça."

A chave não está em silenciar a dor, reforçar os muros, posicionar os guardas, mas em dar voz à nossa dor e contar as nossas verdades. A solução está naquilo a que Elise Boulding, uma militante da paz de longa data, se refere como a "escuta profética" que precisamos ter uns dos outros.

O crime é um sinal das nossas feridas, da nossa alienação. Buscar a justiça por intermédio da retribuição também o é. A realidade externa espelha a realidade interna. Apenas o amor e a compaixão podem remover os muros e somente quando formos capazes de enfrentá-los é que poderemos alcançar nosso propósito. Somente então chegaremos ao pertencimento.

○ ○ ○ ○ ○ ○ ○ ○ ○ ○

Certa vez falei para um grupo do qual faziam parte vários homens e mulheres que haviam estado presos. Depois da minha apresentação um homem se aproximou de mim e disse: "Howard, essa foi uma palestra muito interessante. Muito interessante. No entanto, não concordo com nada disso».

Penso que tal reação constitui, em parte, uma evidência daquilo que os pesquisadores que estudam a vergonha dizem sobre a cultura ocidental: temos vergonha da vergonha. Não falamos sobre isso e na verdade nem temos uma linguagem para isso. Como resultado, dizem, a vergonha fica escondida e se manifesta de maneiras infelizes. Há quem, por exemplo, atribua a tal fenômeno a obsessão dos americanos pela riqueza.

• • • • • • • • • •

Há anos ofereci um seminário sobre vergonha em nosso programa de pós-graduação. A proposta era que leríamos textos sobre a vergonha e nos encontraríamos para discuti-los durante o almoço. As conversas eram profundamente pessoais; fiquei comovido com a profundidade dos sentimentos e com o impacto que a vergonha causava na vida dos participantes.

• • • • • • • • • •

Em 2000, fui convidado a dar uma série de palestras em uma conferência sobre Justiça Restaurativa em Dzerzhinsk, na Rússia. Pediram que eu falasse sobre a vergonha em uma das sessões, o que me pareceu estranho porque eram palestras introdutórias sobre a Justiça Restaurativa. Mas atendi o pedido e esse acabou sendo um ponto crucial no evento.

Essa conferência reuniu pessoas da área de assistência social – uma profissão recentemente criada – com membros das forças de segurança. As relações entre eles estavam tensas durante a conferência. No final da palestra, assistentes sociais começaram a acusar a polícia de envergonhar e desrespeitar as pessoas com quem trabalhavam, especialmente as crianças. Os policiais começaram a falar sobre como estavam sendo envergonhados por autoridades hierarquicamente superiores, incluindo juízes. De repente, eles tinham experiências compartilhadas e começaram a conversar entre si. O clima de toda a conferência mudou.

Estou convencido de que os temas da vergonha e da honra merecem muito mais atenção nas pesquisas e em nossas vidas cotidianas.

A jornada rumo ao pertencimento: o que "vítimas" e "ofensores" têm em comum

• • • • • • • • • •

Essas viagens à Rússia trazem lembranças:

Em duas oportunidades, ao viajar para a Rússia, a organização sem fins lucrativos com a qual eu estava trabalhando pediu-me que levasse US$ 10.000 em dinheiro a fim de prover seus fundos de operação. Isso aconteceu quando não existia um sistema bancário por lá, de modo que não havia outra forma de transferir fundos para os programas. Antes da primeira viagem, recebi um e-mail dizendo que deveria levar dez caixas de pudim de chocolate. "Alguém deve ter uma verdadeira obsessão", pensei. E estava prestes a comprar o pudim quando recebi uma mensagem informando que esse era um código para "dinheiro". Assim que aterrissei na Ucrânia, descobri que tinha que levar o dinheiro em um trem noturno para Moscou.

Com o meu colega russo Rusten Maksudov,
na Praça Vermelha em Moscou

Da segunda vez voei diretamente para Moscou carregando de novo US$ 10.000 em notas de US$ 20. Não havia ninguém conhecido no aeroporto, mas um motorista de táxi estava segurando um cartaz em que vi algo que poderia ser interpretado como sendo o meu nome. Com alguma apreensão, entrei no táxi. Enquanto transitávamos por Moscou, fiquei aliviado ao perceber que o bairro para o qual estávamos indo era um que já conhecia da viagem anterior.

Autografando livros no lançamento da edição em russo do meu livro *Trocando as lentes*. O tradutor comentou que seu trabalho foi um grande desafio porque o texto envolvia diferentes disciplinas.

CAPÍTULO 3

Boas intenções não bastam

O ASSUNTO de que trataremos não costuma ser muito bem recebido pelas pessoas envolvidas com a Justiça Restaurativa. Lembro-me de uma palestra que dei a respeito em um dos primeiros eventos de JR. Foi uma das audiências mais hostis que já enfrentei. No entanto, trata-se de um tema de extrema importância, como escrevi no blog que mantive por vários anos.

Cela, Eastern State Penitentiary

Há algum tempo, minha filha e eu caminhávamos pela *Eastern State Penitentiary*, na Filadélfia, protótipo das penitenciárias modernas, atualmente transformada em museu. O estabelecimento foi construído no início do século XIX gerando muitas expectativas e muito alarde – seria uma alternativa aos castigos corporais e à pena de morte, práticas então predominantes. Pessoas de todo o mundo vieram para ver e copiar esse fenômeno maravilhoso. Tocqueville, o grande comentarista da nova democracia americana, veio para a América sobretudo para estudar o sistema prisional.

Os quakers e os outros grupos que inventaram a prisão, apesar de suas boas intenções, criaram um monstro e as pressões por reformas surgiram quase que de imediato. Importantes lições podem ser encontradas aqui. Mudanças e inovações têm muitas vezes consequências imprevisíveis. Mesmo com as melhores intenções, os trabalhos realizados visando a transformação social podem – e com certeza irão – sofrer algum desvio.

Mas há outra lição, talvez mais fundamental, no nascimento das prisões: o que parece bom para mim pode não ser bom para os outros. A pesquisa sobre as circunstâncias sociais que envolviam os primeiros defensores do novo modelo de penitenciária revela que alguns daqueles quakers tinham sido, eles próprios, presos por questões de consciência. Como eram homens de alta reputação, não foram tratados tão mal como de outra forma poderiam ter sido. E como eram dados à reflexão, consideraram o período na prisão como uma oportunidade de exercitá-la. Em consequência, propagavam que a prisão seria um lugar propício a reflexões sobre a Bíblia e ao arrependimento. O que era libertador para eles logo se tornou, infelizmente, opressivo para os outros.

Isso é um aviso importante para todos os que defendem a Justiça Restaurativa ou qualquer outra espécie de transformação social. Nossas visões podem revelar preconceitos de classe, gênero, religião e cultura – e podem ser fundamentalmente falhas. Para nos protegermos disso, precisamos fazer autocrítica e estarmos abertos a receber avaliações e feedbacks. Precisamos criar espaço para ouvir vozes diversas e divergentes.

Em resumo, devemos praticar a responsabilidade que esperamos que os outros tenham.

• • • • • • • • • •

Dada à minha formação como historiador (meu doutorado foi em História Europeia), pesquisei a respeito da história da reforma da justiça criminal nos EUA enquanto desenvolvia o conceito de Justiça Restaurativa. O que descobri foi desanimador. As chamadas reformas muitas vezes acabaram sendo muito diferentes do que se pretendia e, às vezes, pioraram o problema que estavam tentando resolver.

No início das conferências vítima-ofensor, por exemplo, um certo departamento prisional estadual estava usando essas reuniões basicamente como uma forma de punir os infratores, sendo que deveriam servir para empoderar tanto aqueles que sofreram como aqueles que causaram o dano.

Como costumava dizer aos meus alunos, todas as intervenções sociais, não importa se bem-intencionadas, têm consequências inesperadas. Todas serão cooptadas e usadas de modo equivocado. É nossa responsabilidade, como defensores e praticantes da JR, estarmos atentos a isso.

Mudar a lente de uma câmera, montar uma grande-angular em vez de uma teleobjetiva: apenas um fotógrafo poderia fazer bom uso desse tipo de metáfora no debate sobre "fazer justiça"! Howard mostrou que muitas coisas podem mudar se aprendermos a enquadrar os fatos de modo que possam revelar contornos mais amplos, incluindo o campo em que estão inseridos.
Podemos dizer que, ao considerar os fatos lesivos, é possível utilizar lentes e perspectivas diferentes, que não são mutuamente excludentes, e que podem nos ajudar a responder ao mal respeitando todas as pessoas. Assim, realmente podemos conseguir - como artesãos da paz - endireitar as coisas.
Conheci Howard em Trieste. Ele concordou em falar em alguns eventos sobre Justiça Restaurativa, e muitos de nós esperávamos ansiosamente sua visita à Itália. Há uma foto que tirei dele no cais de Molo Audace, à beira-mar.
E tenho uma outra que ele tirou de mim.
Há amigos que trocam livros; outros que trocam retratos fotográficos. Sou muito grato por Howard não estar apenas nas estantes da minha biblioteca, mas também no álbum de família!

– Giovanni Grandi, Universidade de Trieste, Itália

CAPÍTULO 4

A promessa e o desafio da Justiça Restaurativa para as vítimas

com Mary Achilles

Os militantes pró-vítimas revelam com frequência – e com razão – um certo ceticismo em relação à Justiça Restaurativa. Compartilho de algumas de suas preocupações, e tem sido para mim uma prioridade fazer com que os grupos de Justiça Restaurativa se lembrem delas.

Foi uma honra ser coautor deste capítulo juntamente com Mary Achilles que, na época, era a Defensora das Vítimas do Estado da Pensilvânia. Sua nomeação foi feita pelo governador e aprovada pelo poder legislativo, caso único nos Estados Unidos. Mary costumava dizer que, por causa da Justiça Restaurativa, ela era uma melhor defensora das vítimas.

Considerei muito importante a maneira como Mary combinou a postura crítica com o apoio à Justiça Restaurativa. Foi sob sua liderança que o Office of the Victim Advocate – OVA – deu início a um programa de diálogo entre vítima e ofensor, sempre por iniciativa da vítima, em situações nas quais o responsável pelo dano estava na prisão. Esse programa se tornou um modelo para outros estados.

O processo de justiça no Ocidente raramente traz bons resultados para as vítimas de crimes. Uma proeminente especialista em trauma, Judith Lewis Herman, afirmou com precisão em seu livro *Trauma and Recovery*: "Se alguém pretendesse conceber um sistema agressivo, capaz de provocar sintomas pós-traumáticos, não poderia fazer algo melhor do que um tribunal de justiça".

Para a maioria das vítimas, a "justiça" continua sendo uma experiência desagradável e insatisfatória.

Na era moderna, talvez a iniciativa mais audaciosa a levar em conta o papel das vítimas no sistema de justiça seja o movimento da Justiça Restaurativa – e o seu entendimento de que a definição de justiça do sistema legal ocidental é intrinsecamente falha.

A Justiça Restaurativa busca mudar o foco da concepção de justiça, de modo que os danos causados às vítimas estejam no centro da definição e da resposta ao crime. Mas será que a Justiça Restaurativa *pode* proporcionar isso às vítimas? É provável que o faça? Quais são as possibilidades e desafios?

Uma vez que as experiências de Justiça Restaurativa com frequência acontecem dentro de um sistema de justiça tradicional, orientado para o ofensor, muitos se preocupam com as possíveis distorções das abordagens restaurativas temendo que as vítimas sejam mais uma vez deixadas de lado ou prejudicadas. Esses riscos são agravados pela ingenuidade de alguns praticantes de JR e pelas falhas que impedem a completa implementação dos valores restaurativos no movimento.

Pelo menos quatro fatores podem levar a Justiça Restaurativa a deixar de cumprir suas promessas:

1. Na medida em que a Justiça Restaurativa foi se popularizando, passou a ser vista com maior frequência como um programa ou uma metodologia, e não como uma filosofia baseada em um conjunto de valores e princípios. Como conceito, a Justiça Restaurativa dá grande importância aos papéis e às necessidades das vítimas e, ao tratar da responsabilidade do infrator, enfatiza o dano causado a elas. No entanto, muitos programas não adotaram uma declaração explícita acerca dos valores e da filosofia. Sem essa estrutura e sem o referencial de boas práticas que ela sustenta, é quase certo que será perpetuada uma orientação direcionada ao ofensor.

2. A percepção da Justiça Restaurativa como sendo uma metodologia foi agravada pela ideia do "tamanho único" (*"one size fits all"*), segundo a qual um mesmo modelo serve para qualquer situação. Ao contrário, a configuração de cada programa em particular deve emergir de diálogos com a comunidade sobre valores, filosofia, necessidades e recursos.

3. Muitas vezes os responsáveis pelos programas de Justiça Restaurativa não incluem as vozes das vítimas nas fases iniciais da concepção e da implementação. Sem tais vozes, é improvável que os interesses e preocupações das vítimas sejam devidamente encaminhados. Além disso, uma vez que o programa esteja em andamento, é difícil imaginar que as vítimas e seus defensores poderão nele se envolver com algum senso de pertencimento e/ou comprometimento, uma vez que não estavam presentes desde o início.

4. Os programas da Justiça Restaurativa incorporaram de maneira falha as metodologias de avaliação – às vezes foram até hostis a elas –, em especial as que analisam a prática e os resultados em relação a valores, missão e filosofia.

Para proteger a Justiça Restaurativa da subversão e da cooptação, é importante insistir em uma contínua ênfase nos seus princípios e valores. Isso significa que, ao se passar da idealização para a implementação, é preciso encontrar uma forma de equilibrar a atenção a ambos, prática e princípios. O foco contínuo deve estar na prática baseada em valores.

É essencial também o empenho na criação de um diálogo muito mais amplo entre vítimas e ex-ofensores, defensores das vítimas e provedores de serviços, defensores dos infratores e provedores de serviços, defensores da Justiça Restaurativa e seus praticantes.

Para tratar da preocupação específica com as vítimas, propomos as seguintes diretrizes ou pontos de referência na prática da Justiça Restaurativa.

Estaremos trabalhando de modo adequado pelo envolvimento das vítimas nos programas de Justiça Restaurativa quando:

1. **As vítimas e os seus defensores estiverem representados nos órgãos diretivos e comitês de planejamento.**
   Quando incluídos nos processos de desenvolvimento e gerenciamento, a presença deles destaca o compromisso dos programas com as vítimas e a sensibilidade que precisam ter para que estas não sejam revitimizadas.

Na verdade, as vítimas e seus defensores são excepcionalmente qualificados para incorporar, no design dos programas, sutilezas capazes de garantir a segurança e o acolhimento a quem foi ferido pela ocorrência do crime.

2. *O empenho para envolver as vítimas surgir do desejo de ajudá-las e não do desejo de ajudar os ofensores.*
   As vítimas não são responsáveis por reabilitar ou ajudar os ofensores, a menos que escolham fazê-lo. Na maioria dos casos, o sistema de justiça atual é fundamentalmente uma negociação (*"business"*), projetada para processar os ofensores. A preocupação com os ofensores é importante, mas devemos ter o cuidado de nunca usar as vítimas com o objetivo principal de beneficiá-los ou lidar com eles. Essa não deve ser a razão para o envolvimento das vítimas na justiça.

3. *A segurança das vítimas for um elemento fundamental no design do programa.*
   Quer se esteja trabalhando com as vítimas de crimes imediatamente após o fato ou anos depois, todas as intervenções devem, em primeiro lugar, reconhecer as necessidades de segurança e proteção das vítimas, tanto físicas quanto emocionais, conforme manifestado por elas. As vítimas devem ter liberdade para expressar suas reações ao crime, que são humanas e naturais, incluindo raiva, fúria e desejo de vingança, sem julgamento e com a compreensão de sua dor.

4. **As vítimas entenderem claramente seu papel no programa, incluindo os benefícios e riscos potenciais para elas mesmas e para os ofensores.**

   As vítimas devem ser preparadas para participar do programa, fornecendo-se a elas o máximo possível de informações sobre seu papel no processo, o que podem esperar e quais são os riscos e benefícios conhecidos para elas e para os ofensores. As vítimas devem ser informadas sobre quaisquer benefícios que o ofensor possa ter por meio do programa.

5. **A confidencialidade for estabelecida por diretrizes claras.**

   O direito da vítima à privacidade deve ser sempre protegido. As vítimas devem escolher quando, quais e como as informações sobre elas e suas experiências serão divulgadas. Elas também devem ser informadas sobre quaisquer regras e regulamentos do programa relacionados à confidencialidade.

6. **As vítimas receberem o máximo possível de informações sobre seu caso, a infração e o ofensor.**

   As vítimas podem escolher participar ou não de um diálogo face a face com o ofensor e pode ser que existam outras razões pelas quais o encontro se afigure inadequado ou inviável. Ainda assim, as vítimas geralmente desejam receber informações sobre o infrator, e isso pode e deve ser encaminhado.

7. **As vítimas puderem identificar e expressar suas necessidades e os programas oferecerem a elas possibilidades de escolha.**

   A oportunidade de identificar suas próprias necessidades e fazer escolhas sobre como serão encaminhadas pode ajudar a reempoderar as vítimas. Certamente, é às vítimas que compete dizer se e quando um encontro direto com o ofensor ocorrerá. Elas têm as chaves dessa porta.

8. **As oportunidades para que as vítimas se envolvam forem maximizadas.**

   > No início, antes de que o programa que eu (Howard) estava dirigindo começasse a tratar de infrações não patrimoniais, uma mulher que havia sido vítima de estupro veio até nós e pediu para se encontrar com o homem que a estuprara. Visitei o homem na prisão, mas ele não quis participar. No entanto, eu havia feito uma lista com as perguntas dela, e ele estava disposto a respondê-las, pelo menos em parte. Mesmo assim, a mulher relatou que isso a ajudou a seguir em frente.

   Uma vez que um elemento central do trauma das vítimas é o desempoderamento, os programas de Justiça Restaurativa devem oferecer o máximo possível de oportunidades para que as vítimas se envolvam em seus casos, bem como no programa como um todo.

9. **O design do programa possibilitar o encaminhamento para suporte e assistência adicionais.**

   Pode ser que as vítimas tenham necessidades adicionais que o programa não é capaz de atender. Assim, os programas devem conhecer os serviços comunitários adicionais disponíveis para as vítimas e realizar esses encaminhamentos de modo rotineiro.

10. *Os serviços estiverem disponíveis para as vítimas mesmo quando os ofensores não tenham sido presos ou estiverem relutantes ou não conseguirem participar.*

Se as vítimas são centrais no processo de justiça, e se as suas necessidades são o ponto de partida, então, como sistema de justiça, não podemos simplesmente oferecer serviços a elas apenas quando o ofensor é identificado e/ou preso. Na medida do possível, devemos fornecer serviços e opções para as vítimas também quando isso não acontece.

Conclusão

Para que a Justiça Restaurativa dê conta de suas demandas, ela deve permanecer ancorada em princípios. E não basta que escute as vozes das vítimas; deve incorporá-las.

A Justiça Restaurativa oferece uma visão esperançosa de justiça para as vítimas, mas boas intenções e ideias maravilhosas não são suficientes. Desafios importantes devem ser enfrentados se quisermos que esta visão se torne realidade, e não seja apenas uma miragem.

> Às vezes aqueles que sofreram o dano podem achar conveniente que o encontro aconteça com substitutos - pessoas que cometeram ofensas semelhantes às que eles experimentaram.
> Em um caso de homicídio cometido por um membro da família, a irmã não estava pronta para se encontrar com o seu irmão que cometera os assassinatos. Ao invés disso, ela perguntou se poderia ir comigo (Howard) até a prisão para se encontrar com um grupo de homens, com o qual eu estava trabalhando, que haviam se envolvido em homicídios.
> Nos sentamos em círculo, e ela perguntou a cada um deles se estariam dispostos a contar seus casos e a imaginar o que poderia ter levado seu irmão a fazer o que fez. Respeitosamente, cada um atendeu o pedido, o que levou a um diálogo poderoso. Depois, ela disse o quanto aquilo foi importante para ela.

• • • • • • • • • •

Como uma forma de tratar essas preocupações, alguns anos atrás nosso grupo conduziu um "projeto de escuta". Enviamos equipes compostas por um defensor da Justiça Restaurativa e um defensor das vítimas para vários estados onde sabíamos que havia tensões e/ou mal-entendidos entre os praticantes de JR e os provedores de serviços às vítimas. Essas equipes foram treinadas e encarregadas de ouvir os defensores das vítimas a partir de uma série de perguntas abertas.

As respostas foram compiladas e, após uma consulta presencial envolvendo representantes de cada grupo e de cada estado, publicou-se um relatório. Os grupos de Justiça Restaurativa foram encorajados a realizar projetos de escuta semelhantes em suas comunidades. Essa era uma maneira de fazer com que eles próprios se responsabilizassem e construíssem as pontes necessárias.

O relatório, intitulado "A Listening Project: Taking Victims and Their Advocates Seriously", [Um projeto de escuta: levando as vítimas e seus defensores a sério], de Harry Mika, Mary Achilles, Ellen Halbert, Lorraine Stutzman Amstutz e Howard Zehr, está disponível em vários sites e trata de modo mais abrangente as preocupações e sugestões expostas no artigo acima.

• • • • • • • • • •

Por três anos trabalhei no Victim Advisory Group of the U.S. Sentencing Commission, órgão que estabelece e supervisiona as diretrizes que devem orientar as sentenças de juízes federais. Fiquei impressionado com o fato de as diretrizes revelarem um interesse tão ínfimo pelas necessidades e desejos das vítimas. Uma perspectiva inspirada pela Justiça Restaurativa teria fornecido algumas correções e alternativas, mas, como isso não parecia ser possível, saí após o término do meu mandato.

• • • • • • • • • •

A ausência de respostas do sistema às necessidades e desejos das vítimas ficou vividamente ilustrada para mim anos atrás quando a filha de um policial assassinado entrou em contato comigo. Ela pediu para se encontrar com o homem que cometera o crime antes de sua execução, medida a que ela se opunha. Não havia programa prevendo essa possibilidade no Estado onde o caso ocorreu e, ao trabalhar nele, nosso grupo encontrou obstáculos a cada etapa.

Estive com o homem que foi condenado à morte, e ele estava disposto a participar do encontro. No entanto, o Departamento Penitenciário afirmou saber que isso não era uma coisa boa para as vítimas. Chegamos a apelar ao Governador, sem sucesso. Finalmente, pouco antes da execução, os advogados que trabalhavam no caso providenciaram as coisas para que a mulher fosse até o escritório deles, de modo que a vítima e o ofensor puderam conversar por telefone por períodos de 15 minutos. Depois, ela me disse que estava agradecida, mesmo tendo sido uma conversa limitada.

CAPÍTULO 5

A justiça como arte, a arte como justiça

*E*STE *capítulo é uma adaptação da apresentação que fiz no Arts & Criminal Justice Symposium [Simpósio de Artes e Justiça Criminal] patrocinado pelo Mural Arts Program – MAP [Programa de Muralismo] na Filadélfia. Não é possível, infelizmente, reproduzir aqui as imagens que acompanharam a palestra e nem as explorações musicais conduzidas pelos bateristas Frances Crowhill Miller e Daryl Snider, numa aproximação experimental entre música e Justiça Restaurativa.*

O MAP utiliza a arte, em especial o muralismo, para empoderar e reconstruir comunidades, integrando em sua filosofia os princípios da Justiça Restaurativa. Tive o privilégio de trabalhar com eles em diversos projetos.

Nas últimas cinco décadas tenho atuado principalmente na área da justiça criminal. No entanto, também levo a sério a fotografia. Atuei profissionalmente como fotojornalista internacional e continuo exercendo atividades como fotógrafo de documentários, retratos e paisagens. Meu desafio tem sido encontrar maneiras de unificar essas duas áreas de trabalho, esses dois mundos, essas duas partes do meu cérebro.

Uma parte do problema é que, no campo da justiça criminal e no ambiente acadêmico, onde estive por anos, as "maneiras de obter conhecimento" são totalmente opostas à arte. Tanto o universo da justiça como o da academia enfatizam as abordagens racionais, analíticas e verbais, sendo céticos em relação a outras mais intuitivas, emocionais e menos lineares. A justiça está embasada fortemente em métodos conflitivos e adversariais. Na academia com frequência considera-se que o conhecimento surge a partir da crítica e do debate.

Há um filme da American Correctional Association, concebido para o treinamento de funcionários, que retrata o sistema de justiça criminal norte-americano como uma luta de boxe arbitrada por um juiz e travada entre profissionais que representam, de um lado, o réu e, de outro, o Estado. Note-se que a vítima está ausente desta metáfora. Em muitos tribunais as decisões são orientadas por diretrizes pré-estabelecidas, teoricamente racionais e matematicamente precisas, que deixam pouco espaço para a intuição ou para o discernimento pessoal.

Tenho tentado unir duas áreas que são importantes para mim, colocando a serviço da justiça o meu interesse pela fotografia e pela arte. Isso me obrigou a reconsiderar algumas premissas sobre a justiça e sobre a academia.

Estou convencido de que a fotografia e a arte têm um tremendo potencial para construir pontes entre as pessoas, incentivar a compreensão mútua e promover um diálogo saudável, desde que o trabalho seja feito com respeito e responsabilidade. Por exemplo, no meu livro *Doing Life: Reflections of Men and Women Serving Life Sentences*, tento retratar os condenados à prisão perpétua como pessoas que são muito mais do que o pior de seus atos.

As fotografias tiradas com respeito – sem estereótipos vulgares – acompanhadas dos depoimentos dos próprios condenados, permitem que o leitor/observador enxergue as pessoas reais, o que é bem diferente daquelas concepções banais e cheias de clichês sobre a justiça. As conversas que tive e as reações de muitas pessoas, incluindo vítimas de crimes, sugerem que esse foi um trabalho bem-sucedido.

Em dois livros posteriores – *Transcending: Reflections of Crime Victims* [Transcendendo: reflexões de vítimas de crimes] e *What Will Happen to Me?* [O que acontecerá comigo?] – busquei fazer o mesmo em relação às vítimas de crimes e às crianças que têm pais/mães na prisão.

Duas premissas básicas dão suporte a esse tipo de trabalho. A primeira: no campo artístico, as maneiras de obter conhecimento, de comunicar, colaborar e ser têm um imenso poder.

> Certa vez, ouvi um relato sobre uma mulher que fazia parte de um júri e se recusou a votar pela imposição da prisão perpétua. Quando questionada sobre o motivo, ela disse que havia ganhado do marido, no Natal, o livro *Doing Life* e que, depois de ver aquelas pessoas e ler suas histórias, não conseguiu votar pela prisão perpétua.

Grande parte de nossa aprendizagem ocorre por meio de estímulos visuais. Nossa habilidade de comunicação fica drasticamente limitada quando dependemos primordialmente das palavras. Além disso, as artes em geral – acústicas ou visuais – têm um enorme potencial para envolver as pessoas de modo holístico, abrangendo os lados emocional, intuitivo e, também, racional.

A arte também pode engajar e empoderar as pessoas que não têm facilidade com as palavras ou não se expressam com clareza. Pode criar espaços seguros nos quais seja possível explorar, experimentar e falar sobre temas dolorosos e difíceis. E, o que é muito importante, a arte permite múltiplas interpretações; reflete a ambiguidade, o paradoxo e a complexidade que todos nós experimentamos – uma realidade quase nunca reconhecida por nosso sistema de justiça criminal.

A segunda premissa básica desse trabalho é a de que a arte e a vida devem estar alicerçadas em um conceito de justiça que seja relacional e integral. A verdadeira justiça diz respeito ao reconhecimento da humanidade de *todos*, diz respeito a sanar os danos e orientar os relacionamentos. E isso me conduz à Justiça Restaurativa.

> Fiquei satisfeito ao saber que os três livros foram utilizados em estabelecimentos prisionais. Pessoas presas relataram que *Transcending* as ajudou a compreender a perspectiva das vítimas. Alguns centros de detenção de jovens utilizaram *Doing Life* para auxiliá-los a refletir sobre o impacto de suas ações. *What Will Happen to Me?* oferece aos pais que estão presos uma perspectiva que os ajuda a compreender as experiências de seus filhos.

Como disse antes, a Justiça Restaurativa busca reenquadrar nossa maneira convencional de pensar sobre transgressão e justiça. Ela afasta a preocupação com a lei que foi desobedecida, com a culpa e com a punição, para colocar o foco nos danos, necessidades e obrigações. A Justiça Restaurativa considera especialmente importante envolver e empoderar quem mais foi afetado pelo dano, adotando uma abordagem de resolução de problemas. Pode ser vista como uma justiça baseada em necessidades, em contraste com uma perspectiva do tipo "vai ter o castigo que merece", característica do modelo legal ocidental.

Acredito que a Justiça Restaurativa reflete três premissas básicas:

1. O crime é uma ofensa contra pessoas e relacionamentos.
2. Ofensas acarretam obrigações.
3. A obrigação principal é corrigir o que está errado.

Traduzindo isso para um conjunto de princípios, a Justiça Restaurativa nos convoca a:

1. Focar nos danos e nas necessidades deles decorrentes para as vítimas, comunidades e ofensores.
2. Cumprir as obrigações resultantes desses danos – obrigações dos ofensores, bem como das comunidades e da sociedade como um todo.
3. Empregar processos inclusivos e colaborativos tanto quanto possível.
4. Envolver na decisão acerca do que fazer todos aqueles que tenham um interesse legítimo, incluindo vítimas, ofensores, membros da comunidade e a sociedade em geral.
5. Buscar corrigir os erros, na medida do possível.

Uma abordagem da justiça que considere tais pressupostos e princípios tem por base o fato de que dependemos uns dos outros – nossas ações afetam as demais pessoas, e as ações delas nos afetam. Assim, é importante ampliarmos as nossas conexões, de modo a mitigar o processo de *"outrificação"* e reduzir o distanciamento social.

Um dos fatores responsáveis por fazer com que nossa sociedade seja tão punitiva é que, quanto menos conhecemos as pessoas como pessoas reais, mais tendemos a *"outrificá-las"* (a vê-las através de estereótipos, considerando-as diferentes de nós), o que torna mais fácil impor a elas uma punição. Isso é o que possibilita a existência da gigantesca taxa de encarceramento nos EUA e é o que nos faz prosseguir nas guerras contra "o inimigo" em territórios estrangeiros.

> Depois dessa palestra, a pandemia de Covid-19 trouxe um novo significado à expressão "distanciamento social". Aqui - e em outros pontos - estou utilizando tal termo no sentido dado por Nils Christie e outros autores como uma referência à distância *relacional* e não à distância física. O distanciamento social, nesse sentido, tem a ver com o quanto podemos nos identificar e compreender empaticamente as outras pessoas. Daqui em diante, falarei em "distanciamento social relacional" para diferenciar tal expressão daquela utilizada no contexto da pandemia.

Esse processo de *"outrificação"* é essencial para a construção da noção de raça em nossa sociedade, e o sistema de justiça criminal está profundamente implicado, sendo a um só tempo causa e efeito desse processo. Tal fato fica evidente quando observamos a composição racial e étnica do encarceramento em massa. A maneira como vítimas e ofensores são frequentemente retratados pela mídia ajuda a criar a sensação de distanciamento social que torna essas políticas aceitáveis. Na verdade, como mencionei anteriormente, até mesmo os termos "vítima" e "ofensor" incentivam a *"outrificação"*. Implícita ou explicitamente, essa separação social serve como uma ferramenta de controle social.

A forma como os presos costumam ser retratados contribui para isso. A maior parte das fotos, sem nem falar daquelas grotescas que aparecem nas fichas policiais, apela para o caráter sombrio e ameaçador do ambiente prisional, destacando grades, celas, tatuagens. Para quem nunca esteve nesses locais, tais representações geram uma sensação de perigo e estranhamento. Portanto, no meu projeto *Doing Life*, quis deliberadamente afastar os leitores de tais gatilhos estereotipados, na esperança de que possam se relacionar com as fotos e com as palavras dos condenados à prisão perpétua como sendo fotos e palavras de pessoas reais, de pessoas que vale a pena conhecer e considerar.

Ao longo do tempo, a fotografia também ajudou a construir as identidades raciais e étnicas dos povos nativos no contexto da sociedade norte-americana convencional. Esses construtos variam, desde a noção de "um povo que precisa ser conquistado" e "civilizado" até a do "nobre selvagem". A construção da identidade dos povos nativos como sendo "os outros" foi, em geral, um processo intencional.

Nossas "maneiras de obter conhecimento" – no campo da pesquisa e do jornalismo – continuam a contribuir para isso. Com frequência, vemos nossos temas de interesse como objetos a serem utilizados conforme julgamos apropriado. O autor é o especialista, a autoridade, o proprietário e, supostamente, o juiz imparcial do conhecimento. Uma grande parte do trabalho jornalístico e das atividades de pesquisa tende a focar em nossas diferenças e não em nossa humanidade comum.

De fato, as palavras "pesquisa", "jornalismo" e até mesmo "justiça" frequentemente são associadas a um esforço de contenção de impulsos e ações espontâneas. Não por acaso, o sistema de justiça juvenil da Nova Zelândia – talvez o primeiro sistema judicial do mundo organizado em torno da Justiça Restaurativa – surgiu, em parte, da crítica dos maori ao sistema legal ocidental que, segundo eles, é culturalmente inadequado e representa uma forma de racismo institucional.

Assim, a Justiça Restaurativa exige uma reavaliação das nossas suposições, das nossas "maneiras de obter conhecimento", seja na justiça, nas atividades de pesquisa, no jornalismo... ou na arte. Ela nos encoraja a:

- Respeitar nosso "tema de interesse" ou "assunto" ou "cliente", nossos "companheiros de trabalho" ou "colegas", tratando-os como colaboradores e cocriadores;
- Reconhecer que o processo pode ser tão importante quanto o produto ou o resultado;
- Reconhecer as limitações e a subjetividade daquilo que nós "sabemos";
- Ter consciência das dinâmicas de poder que estão em jogo nas nossas interações;

- Perceber que isso tudo não diz respeito apenas à nossa singularidade enquanto autores, artistas e profissionais da justiça, mas sobretudo à capacidade de encontrar uma forma de conviver como uma família humana.

O ponto fundamental é que a verdadeira justiça é, para mim, tanto arte quanto ciência e deve abranger todos os aspectos da pessoa. Para que isso aconteça, é essencial uma perspectiva artística. Isso me leva a imaginar os profissionais da justiça como artistas.

A Justiça Restaurativa depende fundamentalmente do diálogo, da comunicação, da imaginação, da criatividade e da intuição. Uma perspectiva artística pode ajudar a compreensão e o diálogo. Pode reduzir a *"outrificação"*, ao mesmo tempo em que cria oportunidades para que sejam exploradas as várias realidades da experiência vivida.

É claro que tanto a ciência quanto a razão têm seu lugar. O neurocientista Dan Siegel, durante uma palestra recentemente ministrada em nossa universidade, exortou-nos a sermos "cientificamente consistentes, mas não cientificamente limitados".

Quando trabalhamos na área da justiça incluindo a arte é muito importante que, ao buscar melhorar a experiência das vítimas e reduzir a dependência da prisão, o fundamento esteja na visão sobre como queremos viver juntos neste mundo. Lembrem-se dos valores representados pelos "três Rs": Respeito, Responsabilidade e Relacionamentos. Também quero enfatizar outros dois valores especialmente relevantes aqui. Um deles é a *humildade*. Humildade não diz respeito apenas a levar ou não os créditos por algo que fizemos ou pela forma como agimos. Humildade tem a ver com quem somos e o que sabemos.

Todos nós somos moldados por nossa história, nossa cultura, nosso gênero, nossa etnia, nossa biografia. Essas são as fontes da nossa força e da nossa singularidade como indivíduos, mas também são limitações. Minha experiência como homem branco pós-graduado pelo Morehouse College e depois como professor em Talladega College, duas faculdades historicamente negras, afetou-me profundamente. Desenvolvi uma consciência muito aguçada e sei que sempre falo como um homem norte-americano de ascendência europeia, de base cultural e religiosa menonita, independentemente do quanto sou consciente desses privilégios ou do que tento fazer para superá-los. Eles me dão poderes e vantagens, mas também limitam a minha visão. Preciso ter uma cautela infinita para não generalizar e querer aplicar o que "eu sei" a outras pessoas e situações, ou impor as minhas opiniões.

Só podemos estar juntos de uma maneira efetivamente restaurativa se estivermos abertos para as diversas realidades e se as valorizarmos profundamente. Isso significa que a escuta e o diálogo são atitudes essenciais tanto para a arte quanto para a justiça.

Um outro valor se tornou fundamental para mim: é uma atitude de *maravilhamento*, de *admiração*. Em uma das primeiras aulas do curso de filosofia, meu professor disse que, no Ocidente, somos moldados pela perspectiva cartesiana com uma atitude de dúvida e ceticismo, mas que essa não seria a sua abordagem no curso. Em vez disso, a perspectiva seria a do *maravilhamento* e da *admiração* diante das infinitas possibilidades do universo e da mente humana.

David James Duncan, em seu livro *My Story as Told by Water*, traz uma impactante definição de maravilhamento: "[...] é o desconhecido, experimentado como prazer". E é realmente possível encontrar muito prazer na arte e na justiça.

Respeito, responsabilidade, relacionamentos, humildade, maravilhamento. São estes os valores fundamentais para aqueles que buscam um tipo de arte e de justiça que cura e restaura; são valores-chave para a justiça e para a arte quando estamos na vanguarda da cura.

• • • • • • • • • •

Desafiar estereótipos é um dos pontos centrais do meu trabalho, mas isso não estava muito evidente em duas das minhas primeiras publicações acadêmicas. No primeiro livro – Crime and the Development of Modern Society [Crime e o desenvolvimento da sociedade moderna] – aparece uma mãe estrangulando o filho, uma ilustração horrível que nem era relevante para o tema abordado. Felizmente, esse livro foi recentemente reeditado sem aquela imagem na capa. A publicação seguinte foi um capítulo numa revista belga cuja capa retratava corpos decapitados pendurados pelos pés. Felizmente, essa tendência a imagens sangrentas parou por aí.

• • • • • • • • • •

Em 2007, participei de um projeto de "restauração visual" no Mural Arts Program chamado Albert M. Greenfield Restorative Justice Program. O objetivo era ajudar um grupo de jovens que cumpriam pena de privação diurna de liberdade a reconectar-se à comunidade e produzir algum trabalho em retorno. Fui convidado a tirar fotos dos "anciãos culturais" dessa comunidade tão diversa.

Os jovens aprenderam a fazer entrevistas e a empregar técnicas de redação. Posteriormente, colheram os depoimentos dos idosos, criando um material investigativo, com conteúdo audiovisual, que foi utilizado em exposições e em murais.

• • • • • • • • • • •

Exatamente no dia em que eu estava trabalhando na edição deste capítulo, recebi uma ligação inesperada do Rev. Ronald English, um dos meus colegas do Morehouse College, o que me fez recordar da minha experiência naquela faculdade. Apesar de não mantermos contato há mais de 50 anos, lembrei imediatamente de um fato: certo dia, nos degraus atrás do púlpito da Ebenezer Baptist Church em Atlanta, fui apresentado por ele ao Dr. Martin Luther King. Ronald é pastor, envolvido com Justiça Restaurativa e, naquela ocasião, há pouco tinha se inteirado do meu próprio envolvimento nessa área por intermédio de um outro ex-aluno da Morehouse. Adoro essas conexões.

• • • • • • • • • • •

Ajudar a criar conexões tem sido uma fonte de grande satisfação ao longo da minha carreira. É muito gratificante conectar pessoas que compartilham interesses e preocupações semelhantes. Recentemente, por exemplo, estava sendo entrevistado por uma aluna de doutorado que, como vim a descobrir, tinha experiência em fotografia. Falamos sobre como ela poderia usar a fotografia na busca de seus interesses por justiça, e coloquei-a em contato com um de nossos "alunos" – um fotógrafo profissional que estava usando a fotografia para conectar mulheres palestinas e israelenses.

Mais tarde, soube que eles estavam planejando conduzir juntos um workshop. Que alegria!

No início dos anos 1990, o Mennonite Central Committee pediu que eu produzisse o livro que celebraria seu 75º aniversário. A ideia era que o livro exibisse retratos de parceiros ao redor do mundo, juntamente com entrevistas sobre aquilo que sonhavam para suas vidas e famílias. Fiz retratos e entrevistas com palestinos na Cisjordânia, e outros fotógrafos foram a outros lugares. Aqui estou com Madre Teresa, pedindo-lhe que escreva o prefácio do livro *A Dry Roof and a Cow*. Ela recusou em razão de sua agenda de trabalho, mas foi uma honra conhecê-la.

Ainda citando nomes: em 1985, como Presidente da Coalizão Nacional pela Abolição da Pena de Morte, estive em uma audiência com o Papa João Paulo II e pedi-lhe que interviesse em um caso de pena capital. Ele afinal recusou, pois não poderia interferir em assuntos de outro país. No entanto, pouco tempo depois, ele passou a se manifestar em outros casos. Minha esposa Ruby acha que talvez tenhamos contribuído para essa mudança. Ela também afirma que, nesta foto, parece que estou tentando vender-lhe um carro usado.

PARTE II

Como cheguei até aqui

CAPÍTULO 6

Como cheguei até aqui

Uma conversa com Bruna Pali

BRUNILDA Pali é professora no Instituto de Criminologia de Louvain, Bélgica, e tem um interesse especial por questões relacionadas ao feminismo, à teoria social crítica, à justiça social, à Justiça Restaurativa e às artes. Foi um privilégio interagir com ela em diversos projetos. Tivemos a seguinte conversa para o seu blog, "Restorotopias".

Brunilda Pali: Howard, seu trabalho teve uma grande influência no desenvolvimento da Justiça Restaurativa, talvez até maior do que pretendia. Você poderia voltar no tempo até seu primeiro encontro com o espírito e com as ideias da JR e falar-nos um pouco sobre isso? Qual era sua motivação, quais eram suas preocupações, contra o que você estava reagindo, o que esperava criar?

Howard Zehr: Quando propus pela primeira vez a ideia de Justiça Restaurativa, achei que seria descartada porque parecia um pouco louca. Meu principal objetivo naquele momento era escrever algo provocativo. É difícil dizer de onde veio o "espírito restaurativo". O que sei é que, inicialmente, tinha a ver com os valores inerentes à minha tradição de fé anabatista. Após meu primeiro ano na faculdade, decidi deixar a segurança da minha comunidade e me colocar em uma situação desafiadora. Queria entender as questões relacionadas à justiça com mais profundidade. Então, em 1963, no meu segundo ano, entrei na Morehouse College, uma faculdade historicamente negra. Essa foi uma experiência central no meu processo de formação.

Depois da pós-graduação, entre 1971-1978, dei aulas em Talladega College, outra instituição historicamente negra. Lá, ao trabalhar com presos e advogados de defesa que atuavam em casos sujeitos à pena de morte, rebeliões e brutalidade policial, me envolvi com as realidades da justiça.

Eu achava que tinha uma boa noção acerca da injustiça da "justiça" e escrevi um artigo numa revista nacional sobre isso. Mas, assim como muitos dos defensores dos réus nos processos criminais, eu não sabia quase

> O pequeno livro do criminologista norueguês Nils Christie, *Limits to Pain* [Limites à dor], um "texto provocador", me inspirou muito. Ele desafia alguns pressupostos básicos sobre a punição e foi importante para a construção do meu pensamento.

> Bernie Bray, um colega de faculdade, e eu orientávamos as equipes de estudantes de Talladega quando tínhamos que descobrir tudo que fosse possível sobre os potenciais jurados. A equipe de defesa usaria essas informações na seleção do júri. Para fazer isso, tivemos que criar redes de relacionamento nas comunidades e conversar com pessoas que poderiam conhecer quem constava da lista. Embora eu já tivesse aprendido anteriormente a criar conexões – muitas vezes em razão dos meus interesses em eletrônica – foi nessa ocasião que realmente aprendi a entrevistar pessoas.

nada sobre as vítimas e não tinha qualquer motivação para aprender. Também desconfiava – e profundamente – de qualquer pessoa que trabalhasse no "sistema".

Em 1978, mudei-me para Elkhart, Indiana, onde residira quando comecei a faculdade. Fiz alguns cursos na pós-graduação enquanto dirigia uma casa de transição para homens que tinham estado presos, mas ela pegou fogo. Então, fui convidado a participar dessa nova ideia de reunir vítimas e ofensores, sobre a qual eu era profundamente cético. No entanto, quando me envolvi com essa atividade e vi o que acontecia nos encontros, mudei completamente as lentes através das quais eu enxergava a justiça.

> Um dos primeiros casos em que trabalhei em Indiana continua gravado em minha mente. Dois jovens roubaram uma casa e foram encaminhados para nosso programa. Acompanhados por um facilitador treinado, eles se encontraram com as vítimas do roubo, na própria casa delas.
> Como restituição, o casal pediu aos jovens que comprassem um móvel que combinasse com a decoração de sua casa por duas razões: eles queriam que os jovens os conhecessem o suficiente para comprar algo adequado, e queriam poder contar aos amigos que os ladrões haviam comprado aquilo para eles. Os jovens e o casal acabaram indo às compras juntos em busca do móvel.
> Posteriormente a mulher encontrou um dos jovens na rua e, ao saber que ele buscava emprego e estava indo a uma empresa para se candidatar a uma vaga, disse-lhe que conhecia o dono e que intercederia por ele. Percebi que algo importante estava acontecendo ali.

BP: Você está dizendo que o seu encontro com o "espírito restaurativo" foi uma jornada intensa de encontros com as realidades da injustiça?

HZ: Com certeza. Uma jornada sinuosa com muitos encontros, muitas coisas desconhecidas e sem grandes planos. Não vou aborrecê-la com pormenores, mas meus estudos fizeram parte desse trajeto.

Formei-me, na graduação, em história europeia. Não tinha ideia, no fim do curso, do que queria fazer, mas recebi várias propostas generosas de bolsas para a pós-graduação. Decidi que queria aprender a usar métodos quantitativos e encontrei algumas estatísticas criminais da Alemanha do século XIX no porão da biblioteca da Universidade de Chicago. Isso me levou ao tema da minha pesquisa de dissertação – uma análise estatística da história do crime na Alemanha e na França nos séculos XIX e começo do XX.

Passei 14 meses na França e na Alemanha vasculhando registros estatísticos em arquivos. Um arquivista de Berman insistia em me dizer que, a seguir na direção que estava tomando, nunca conseguiria escrever a minha dissertação. Finalmente, ela foi publicada em meados da década de 1970 com o título *Crime and the Development of Modern Society* [Crime e o desenvolvimento da sociedade moderna], sendo este um dos primeiros trabalhos a empregar métodos quantitativos.

Curiosamente, depois de todos esses anos, o livro está sendo agora reeditado pela Routledge Press. Essa pesquisa me conduziu ao crime.

Foi também durante esse período que começou minha relação com a fotografia, de uma maneira igualmente sinuosa! Quando visitava os arquivos, precisava registrar os documentos estatísticos para analisá-los posteriormente. Nos anos 1969/1970, não havia copiadoras em vários dos arquivos menores que visitei. Então, montei a câmera em um tripé, fiz um sistema de iluminação utilizando latas vazias de alimentos, e criei meu próprio microfilme.

Foi nessa ocasião que me apaixonei pela câmera como uma forma de ver e explorar o mundo. Finalmente, encontrei a maneira de reunir minhas paixões pela justiça e pela fotografia.

Nunca imaginei como as minhas diferentes linhas de estudo e minhas diversas experiências se uniriam para me preparar para o futuro. Por exemplo, estudar história foi uma preparação perfeita para desenvolver habilidades de escrita e de síntese e, como vim a compreender, o conceito de Justiça Restaurativa é um trabalho de síntese, mais do que uma criação. Reuni diferentes ideias e práticas, incluindo minhas próprias tradições "nativas" e religiosas, num conceito que esperava que fosse coerente e que pudesse ser transmitido aos outros.

Na pós-graduação, uma das minhas áreas de estudo foi a história da ciência. Assim, fui apresentado à ideia dos paradigmas, que acabou sendo importante para as minhas propostas sobre as "lentes" que usamos na justiça.

Com base na minha experiência, costumava aconselhar meus alunos a não se preocuparem muito com o rumo que iriam seguir no futuro, mas a perseguirem suas paixões, permanecendo abertos aos sinais e às oportunidades que surgem ao longo do caminho. E disse muitas vezes para não levarem as notas muito a sério. Em Morehouse College, contava-se que certa vez, quando estudante, o Dr. Martin

Luther King – um dos maiores oradores da história – tirou C em oratória.

BP: Você incorpora, sem dúvida, um grande rigor na sua forma de ser, apesar da modéstia que transmite – ou, o que é mais importante, *escolhe* transmitir – porque sem rigor as muitas coisas maravilhosas que você fez não teriam sido possíveis. Mas uma outra atitude que se destaca é a sua receptividade, sua abertura ou, em outras palavras, aquilo que você mesmo denomina maravilhamento. É o que as crianças sentem na primeira vez que fazem alguma coisa. Como você preservou esse senso de maravilhamento?

HZ: Uma noção muito importante na educação ocidental, assim como nas tradições de fé, é a de que temos que *saber* das coisas, *ter certeza* das coisas. Mas uma atitude de humildade nos lembra que não temos que (na verdade, não podemos), e que às vezes o não saber traz surpresas maravilhosas.
Lecionei uma disciplina denominada Fotografia Contemplativa. Tratada com a atitude certa, a câmera – e as artes em geral – podem nos ajudar a permanecer conectados com o sentido de maravilhamento.

BP: Você trouxe a metáfora da fotografia para a Justiça Restaurativa e vice-versa. Muitos de seus livros – estou pensando em *Doing Life: Reflections of Men and Women Serving Life Sentences*, em *Transcending: Reflections of Crime Victims* e *What Will Happen to Me?* – reúnem um tipo de fotografia e de narrativa que é simples, mas não simplificador.

Há algo muito tocante em suas fotografias porque elas "contam como as coisas são". As pessoas são elas mesmas, da maneira mais humana e íntima; não estão enfeitadas para parecerem mais bonitas; não estão ali para despertar simpatia, mas para serem encontradas. Há um senso de possibilidade e esperança. As pessoas parecem transcender o que são, onde estão, o que fizeram ou o que fizeram com elas. Não parece que todos, de alguma maneira, estão dizendo que a vida é um movimento, e vem com os erros que cometemos uns com os outros e os danos que nos são causados? Mas que isso, de certa forma, é o material da nossa vida, aquilo de que somos feitos?

HZ: Meu objetivo em *Doing Life* e em outros livros, como *Transcending*, foi humanizar as pessoas que entrevisto e fotografo para que possamos vê-las e escutá-las sem interferência de estereótipos.

Ao retratar os presos que cumprem pena de prisão perpétua, deixei deliberadamente de fora tudo que pudesse acionar estereótipos, como grades e tatuagens. Eu os fotografei como gostaria de ser fotografado. Todos nós somos muito mais do que as piores coisas que fizemos ou experimentamos.

Antes do livro, o projeto com os presos era de realizar uma exposição de fotografias acompanhadas de trechos das entrevistas, o que aconteceu durante uma conferência realizada numa das prisões onde estavam detidos muitos dos homens retratados. O vice-diretor se aproximou de mim para falar sobre a exposição. Esperava que ele me dissesse que eu estava sendo ingênuo, ou que eu não conhecia toda a história. Em vez disso, ele disse: "Estou feliz que você tenha feito isso. Você os captou exatamente como são".

BP: Tenho curiosidade sobre um outro livro seu que acho que ninguém, da área da Justiça Restaurativa, conhece: *Pickups, A Love Story* [Caminhonetes, uma história de amor]. O que Howard Zehr tem a ver com motoristas de caminhão?!

HZ: Caminhonetes são uma coisa importante nos Estados Unidos. Anos atrás, meus editores Merle Good e Phyllis Pellman Good sugeriram um livro sobre esse tema, mas eu não estava pronto para fazê-lo. No entanto, depois de três livros com fotos/entrevistas tratando de temas difíceis e traumáticos, estava pronto para uma mudança. Foi muito divertido ter acesso às histórias e conhecer as pessoas do livro *Pickups*. Tentei manter com elas a mesma atitude respeitosa dos outros livros, deixando que falassem por si mesmas.

BP: Sim, para mim fica claro que há um fio condutor ao longo de seu trabalho e de sua prática, seja lidando com justiça, dando aulas, fotografando ou contando histórias de caminhonetes. Pela minha experiência, digo que é uma bênção para todos que você se expresse através da fotografia e que seus livros tenham sido impressos, porque sua letra é completamente ilegível!

Mas se pudermos voltar à época da faculdade em Morehouse College, quero perguntar como foi ser o único rapaz branco numa faculdade para estudantes negros, e de que maneira esta experiência foi transformadora para você? Você também menciona a influência de Martin Luther King, mas tenho certeza de que há, em sua formação, outros pensadores negros.

HZ: No início de setembro de 1963, passara-se menos de uma década desde a decisão da Suprema Corte dos EUA, no caso Brown v. Board of Education, que proibiu a segregação racial nas escolas públicas. A Marcha de Washington acontecera há pouco. Algumas semanas depois, ocorreria o bombardeio da Igreja Batista da 16th Street, em Birmingham, Alabama, episódio no qual quatro meninas negras viriam a morrer. É claro que, naquela altura, ninguém, exceto os perpetradores da Ku Klux Klan, sabia disso.

Nos primeiros dias daquele mês de setembro, aos 19 anos, deixei minha cidade no norte de Indiana, cuja população era majoritariamente branca, e entrei no segundo ano no Morehouse College em Atlanta. Morehouse é uma faculdade historicamente negra, de elite e para homens, na qual se formaram muitos líderes afro-americanos, incluindo o Dr. Martin Luther King. Como mencionei antes, ele ainda figurava como docente e tive o privilégio de encontrá-lo uma vez.

Preparei-me da melhor maneira possível para aquele ano, lendo principalmente autores afro-americanos – em especial James Baldwin, Richard Wright e W.E.B. Dubois – e conversando com pessoas como o Dr. Vincent Harding. Ele era conselheiro do Dr. King e estivera em nossa casa em várias ocasiões. Lembro-me de sentarmos à mesa da sala de jantar enquanto ele tentava ajudar um estudante branco e ingênuo do ensino médio a entender alguma coisa sobre raça e justiça. Essas conversas são parte do que me motivou a dar esse passo.

Em Morehouse, muitos professores foram importantes para mim, especialmente o professor de história, o Dr. Melvin Kennedy. E tenho o presidente da Morehouse,

Benjamin Mays – mentor do Dr. King – como um modelo. Na verdade, foi graças a ele que recebi, por ser um aluno pertencente à "minoria", uma bolsa integral para o último ano.

Mas nada poderia me preparar para os desafios culturais, pessoais e identitários que enfrentaria. E realmente, apenas uma imersão num ambiente no qual eu era parte de uma evidente minoria poderia me ensinar as lições que precisava aprender a meu próprio respeito, a respeito das minhas premissas e do mundo dos meus irmãos da Morehouse. São lições que continuaram a influenciar minha vida e meu trabalho muito depois de eu me formar em 1966, como o primeiro aluno branco. Sem elas, eu nunca teria me envolvido nesse trabalho que chamamos de Justiça Restaurativa.

Essa experiência me trouxe uma lição de valor inestimável: como é importante estar disposto a caminhar rumo ao desconhecido. Certamente foi o que fiz em 1963 e, quando me formei em 1966, não poderia imaginar que o caminho nebuloso à frente me levaria ao que hoje conhecemos como Justiça Restaurativa. Ir em direção ao desconhecido me conduziu aos meus mais importantes aprendizados.

Um exemplo: pouco tempo depois de ingressar na Eastern Mennonite University, recebi uma ligação dos advogados de Timothy McVeigh, o responsável pelo bombardeio de Oklahoma City. Buscavam ajuda, pois queriam que o trabalho da defesa demonstrasse mais empatia com as vítimas. Alguns colegas da área da Justiça Restaurativa me alertaram contra esse tipo de envolvimento, que consideravam impopular e perigoso. No entanto, fico feliz em dizer que, apesar dos perigos, o então presidente da EMU, Joe Lapp, me encorajou: "Vá em frente!". Atendi ao chamado juntamente com Tammy Krause, minha aluna na época. Desse trabalho conjunto surgiu – graças a Tammy, considerada pioneira e uma liderança nesse assunto – uma área de atuação que, dizem alguns, está transformando a atuação da defesa nos crimes sujeitos à pena de morte, tornando-a muito mais receptiva às necessidades e escolhas das vítimas, ou seja, das famílias sobreviventes e seus entes queridos. Portanto, aqui está uma pitada de sabedoria que gostaria de oferecer: esteja disposto a caminhar rumo ao desconhecido.

Outra lição significativa decorrente da minha experiência em Morehouse está relacionada à forma como vejo o mundo. Grande parte do que penso saber ou, em outras palavras, a minha visão de mundo, é moldada por quem sou e pelas experiências que vivenciei. Sou um homem branco de classe média, instruído (alguns diriam superinstruído), um menonita de origem europeia, filho de um pastor, norte-americano com certas experiências em seu passado. Tudo isso influencia a forma como vejo o mundo e aquilo que penso saber. Outras pessoas têm visões de mundo diferentes, moldadas pelo lugar onde cresceram, por diferentes estruturas culturais, pelas experiências que vivenciaram.

É essencial lembrar disso quando nos relacionarmos com os outros. E as interações com aqueles que consideramos "o outro" são cruciais hoje em dia. Nossa atenção está focada principalmente em destacar nossas diferenças, quase sempre de maneira negativa. É ao *"outrificar"* que criamos inimigos, seja no campo doméstico ou internacional, seja em relação aos assim chamados infratores ou àqueles que acabam de chegar ao nosso país. E assim justificamos o mal que lhes fazemos.

Acredito que é preciso ser humilde em relação àquilo que pensamos saber, o que pressupõe reconhecer as limitações do que "sabemos" e admitir que nossas perspectivas, nossas "verdades", são condicionadas por quem somos e por nossas experiências. Por isso, é essencial interagir com aqueles que são diferentes de nós e é preciso fazer isso com uma atitude de abertura e receptividade. Isso é especialmente importante no ambiente polarizado da atualidade.

BP: Você começou a trabalhar com Justiça Restaurativa por volta do ano em que nasci. Pertencendo a outra geração, me interessa a transmissão das ideias entre as gerações. Você diz que a Justiça Restaurativa é um trabalho de síntese e não de criação e tem se esforçado ao máximo para transmitir sua paixão pelo tema. Também se empenha em tornar a Justiça Restaurativa compreensível, acessível, em transmiti-la às novas gerações.

Às vezes, para fazer isso, usa metáforas; outras vezes recorre à arte como um canal. Também tenta simplificar trazendo princípios, perguntas e definições. No entanto, a Justiça Restaurativa é uma síntese complexa, e simplificá-la demais seria como colocar um oceano em garrafas. Como é possível transmitir a Justiça Restaurativa às novas gerações sem simplificá-la demais? E como impedir que se iludam achando que é possível aprender Justiça Restaurativa sem que a descubram em suas vivências pessoais, encontrando seus próprios caminhos?

HZ: Sempre destaco que a justiça é uma questão tanto do coração como da mente. Tenho tentado ensinar de forma eletiva e participativa. A pedagogia do nosso programa é baseada na ideia de que, como disse um dos membros do conselho: "a educação significativa é a que ajuda os alunos a conceitualizarem suas próprias experiências".

Sempre me defini como um "facilitador de aprendizagem", cujo objetivo é criar situações nas quais seja possível aproveitar a sabedoria de todos. Fico feliz em dizer que muitos dos nossos ex-alunos estão agora liderando o caminho, constituindo uma nova geração de praticantes e defensores da justiça restaurativa.

BP: Sou grata por você ter, com a sua habilidade, sintetizado as "Dez Maneiras de Viver Restaurativamente" (ver cap. 13). A décima é a que me traz mais satisfação: "Confrontar com sensibilidade as injustiças cotidianas". São para mim incríveis lições de vida que não consistem apenas em princípios teóricos, mas em preceitos que convocam toda a nossa existência e a nossa história.

E mais uma pergunta: Como é ser chamado de "pai" da Justiça Restaurativa? Já ouvi também "avô", o que imagino ser uma tentativa de honrá-lo ainda mais. Isso o agrada? Isso coloca um fardo em seus ombros? Você acha que é uma interpretação equivocada? Como você se relaciona com isso?

HZ: Já fui chamado de várias coisas, inclusive o "Elvis Presley da Justiça Restaurativa"! Mas prefiro não ser chamado de "pai". A Justiça Restaurativa tem muitas fontes e são muitas as pessoas envolvidas. Eu não a inventei, e é importante reconhecer que foi articulada por mulheres e homens de várias tradições e perspectivas.

• • • • • • • • •

Quando deixei o cargo de Diretor do Office on Crime and Justice with Mennonite Central Committee US em 1996 para lecionar na EMU, entendia que já tinha feito o que podia dentro do campo da Justiça Restaurativa.

Como estava errado! A EMU proporcionou uma base para muitas novas atividades. Mais importante ainda, deu-me a oportunidade de ensinar, orientar – e aprender com – "alunos" do mundo todo. Isso ampliou significativamente o meu entendimento sobre a Justiça Restaurativa e suas possibilidades, especialmente quando esses alunos passaram a aplicar a Justiça Restaurativa de algumas maneiras que eu nunca havia imaginado.

Foram tantas surpresas maravilhosas. Um comandante da polícia de fronteira do Paquistão durante seu estágio trabalhou num presídio juvenil de segurança máxima e conseguiu fazer com que jovens de gangues em conflito – e, depois, até mesmo funcionários – se sentassem em círculos e conversassem.

Um estudante da Tunísia muçulmana, também no estágio, trabalhou com um promotor judeu ajudando uma diocese católica a lidar com abuso sexual de membros do clero.

Ali Gohar, do Paquistão, retratado na página 105, percebeu que o processo jirga da tradição paquistanesa era um processo circular e utilizou a Justiça Restaurativa como uma forma de empoderar as pessoas idosas para a solução de problemas e possibilitar a participação das mulheres.

A lista poderia continuar indefinidamente.

Também aprendi muito sobre como ensinar ou, como prefiro dizer, facilitar a aprendizagem. Alunos com experiência em teatro me ajudaram a usar a dramatização como estratégia de aprendizado. Artistas visuais e músicos aumentaram minha compreensão sobre o uso das artes na sala de aula. Isso foi um grande desafio no início porque, quando cursei a pós-graduação, o método didático adotado consistia basicamente em aulas expositivas.

• • • • • • • • • •

> Quando eu estava fazendo entrevistas e tirando fotos para o livro sobre caminhonetes, eu dirigia um Jeep. Isso não era considerado muito legal por alguns amantes de caminhonetes. Depois que comprei a que aparece na foto, me encaixei muito melhor.

Quando cheguei ao CJP, além da Justiça Restaurativa foi-me atribuído o curso obrigatório de pesquisa. Este acabou se tornando o favorito tanto para os alunos quanto para mim. Foi emocionante vê-los planejar e executar projetos práticos baseados em entrevistas que frequentemente incluíam um elemento visual. Alguns desses projetos tiveram consequências de longo alcance.

Posteriormente, o curso de pesquisa foi ministrado por outros professores, mas no final da minha carreira tive o privilégio de dar um curso juntamente com Paulette Moore. Intitulado "Pesquisa como Arte e Transformação", explorava o campo relativamente novo da pesquisa baseada em arte.

Com o aluno da CJP, Ali Gohar. Ali, um assistente social do Paquistão, sentiu-se muito inspirado pela Justiça Restaurativa e pelos processos circulares e tem trabalhado ativamente para conectar na prática esses conceitos com sua própria tradição.

CAPÍTULO 7

A Justiça Restaurativa e a tradição gandhiana

*R*EPRODUZO *a seguir as palavras que proferi ao receber o Prêmio Mahatma Gandhi de Serviço à Comunidade do Centro Mahatma Gandhi para a Não Violência Global da James Madison University, em 2013. Infelizmente, o professor Terry Beitzel, o diretor do Centro que me indicou, faleceu recentemente em decorrência da Covid. Agradeço à minha amiga advogada restaurativa sujatha baliga (ela prefere que seu nome não seja grafado com maiúsculas) pela ajuda com o vocabulário gandhiano.*

Como menonita, cresci numa família e em uma tradição de não violência e construção da paz e sabia algo sobre Gandhi. Mas foi na Morehouse College – a faculdade historicamente afro-americana em que me formei em 1966 –, durante o Movimento pelos Direitos Civis, que me envolvi mais profundamente. Portanto, minha compreensão da tradição gandhiana foi mediada pelo trabalho do Dr. Martin Luther King, do Dr. Vincent Harding, dos meus professores e ativistas dos direitos civis com quem mantive contato.

Após terminar a pós-graduação, passei a lecionar na Talladega College, outra faculdade historicamente negra no Alabama, e me envolvi ativamente com a justiça criminal.

Tudo isso faz parte dos vários caminhos que me levaram à Justiça Restaurativa.

Muitas pessoas, e não apenas quem segue a linha de uma "criminologia de construção da paz", já notaram que o sistema de justiça criminal está enraizado e funciona com base na violência e na ameaça de violência. Cientistas políticos frequentemente ressaltam que a essência do estado moderno é o "monopólio legítimo da violência", e a justiça criminal é a expressão e a realização desse monopólio: "Você nos prejudicou, então vamos prejudicar você".

Mas a tradição gandhiana é diferente. Três termos estão associados a ela.

Ahimsa frequentemente se traduz por "não violência", mas a expressão não deveria ser articulada na forma de negação. Trata-se de um termo que evoca uma ação positiva, fundamentada em uma visão de mundo de respeito mútuo e na perspectiva da convivência.

O respeito também é um valor fundamental para a Justiça Restaurativa. A JR não é apenas não violenta, mas envolve atos positivos de cuidados recíprocos e com as nossas necessidades e relacionamentos. Costumo me referir aos valores subjacentes da Justiça Restaurativa como os três Rs: respeito, responsabilidade, relacionamentos.

A visão da minha tradição de fé se manifesta no que chamo de "triângulo *shalom*": somos chamados a manter na vida relacionamentos corretos uns com os outros, com o Criador e com a Criação. Mas, independentemente da tradição de fé de cada um, estamos todos, pela própria natureza da condição humana, inevitavelmente inseridos em uma teia de relacionamentos na qual nossas ações afetam e são afetadas pelos outros. Tanto a perspectiva gandhiana como a da Justiça Restaurativa adotam uma visão de relacionamentos respeitosos nos quais a dignidade e as necessidades de cada pessoa são reconhecidas.

Relacionamentos saudáveis e respeitosos implicam na responsabilidade que temos por nossas próprias ações e uns com os outros. Isso vai além de uma responsabilidade passiva, que é simplesmente aceitar o julgamento de quem diz que algo que fizemos é errado. Pelo contrário, exige o que John Braithwaite e outros chamam de responsabilidade "ativa", aquela que visa corrigir as coisas; uma compreensão da justiça como promoção de um futuro melhor. Assim, os três Rs – respeito, responsabilidade, relacionamento – estão entrelaçados tal como uma tripla hélice.

Swaraj, o segundo termo, denota uma espécie de autogoverno. A tradição gandhiana é um movimento pela autorregulação, tanto no nível pessoal quanto no social. De modo semelhante, a Justiça Restaurativa acredita que indivíduos e comunidades têm o potencial e os recursos para se autogovernarem. As práticas da JR incentivam tanto indivíduos quanto comunidades a convocarem o melhor de si próprios. Isso é frequentemente visto na potência dos processos circulares, amplamente utilizados. A Justiça Restaurativa trata de desenvolver as habilidades dos indivíduos e das comunidades de se autogovernarem.

Satyagraha, o terceiro termo, é frequentemente traduzido como "resistência não violenta", mas numa acepção mais acurada é a "força da verdade" ou ação baseada na verdade. É novamente uma concepção positiva, não negativa. A Justiça Restaurativa também é um movimento ativo comprometido com dizer e buscar a verdade. Enquanto o sistema legal costuma desencorajar uma narrativa holística

da verdade, a Justiça Restaurativa a incentiva. De fato, a Justiça Restaurativa poderia – deveria – ser uma forma não violenta e ancorada na verdade de desafiar a indústria das prisões que impulsiona nosso sistema de justiça criminal.
Vou terminar com três citações atribuídas a Gandhi.

- "Olho por olho, e o mundo inteiro ficará cego." Este é um poderoso lembrete acerca dos perigos da vingança e da retaliação.

- "Seja a mudança que você deseja ver." Esta frase é com frequência atribuída a Gandhi, mas não está claro se ele falou exatamente isso.

A citação com significado mais próximo que consegui encontrar é: "Se pudéssemos mudar a nós mesmos, as tendências no mundo também mudariam. Na medida em que um homem muda sua própria natureza, a atitude do mundo muda em relação a ele. [...] Não precisamos esperar para ver o que os outros fazem".

Vemos isso acontecer em conferências e círculos restaurativos. A Justiça Restaurativa pede que sejamos a mudança – vivendo e praticando – tanto como praticantes quanto como participantes. Há quem diga que somos chamados a considerar a Justiça Restaurativa como um modo de vida.

- "A única ação justa é aquela que não prejudica nenhuma das partes em disputa." Aqui está um desafio direto à criminologia predominante que é a da violência.

Agradeço mais uma vez por esta honra, mas este prêmio não deve ser visto como um reconhecimento a mim pessoalmente, mas sim às muitas pessoas ao redor do mundo que estão contribuindo para o desenvolvimento e disseminação da Justiça Restaurativa – um movimento que acredito ter muito potencial para transformar vidas e comunidades.

• • • • • • • • • •

Sou reiteradamente lembrado do poder do respeito. Um exemplo simples: numa conferência patrocinada por um programa local de Justiça Restaurativa (JR), um jovem infrator e suas vítimas estavam no palco para contar suas histórias. O jovem havia roubado carros de um revendedor local. O encontro com o casal proprietário do negócio transformou a vida dele e se tornaram amigos. Quando perguntavam o que havia causado aquele impacto tão significativo, ele sempre respondia dizendo que havia sido o respeito que recebeu de todos os envolvidos.

• • • • • • • • • •

É muito significativo para mim escutar as pessoas que fotografei dizendo que passaram a se enxergar de outra maneira por terem sido retratadas de maneira respeitosa. Raymond Crawford, condenado à prisão perpétua, disse-me que ele e alguns outros sentenciados estavam pensando em coletar, para mim, depoimentos neste sentido. Infelizmente, Raymond morreu de diabetes antes que isso pudesse acontecer.

Em 1990, trabalhei com o conselho de residentes da área habitacional de St. Thomas em New Orleans em um projeto de fotos e entrevistas chamado "Sonhos e Medos de St. Thomas". Era uma área da cidade fortemente vista como símbolo de pobreza e violência, mas havia naquela comunidade muito mais do que isso. A exposição itinerante

A Justiça Restaurativa e a tradição gandhiana

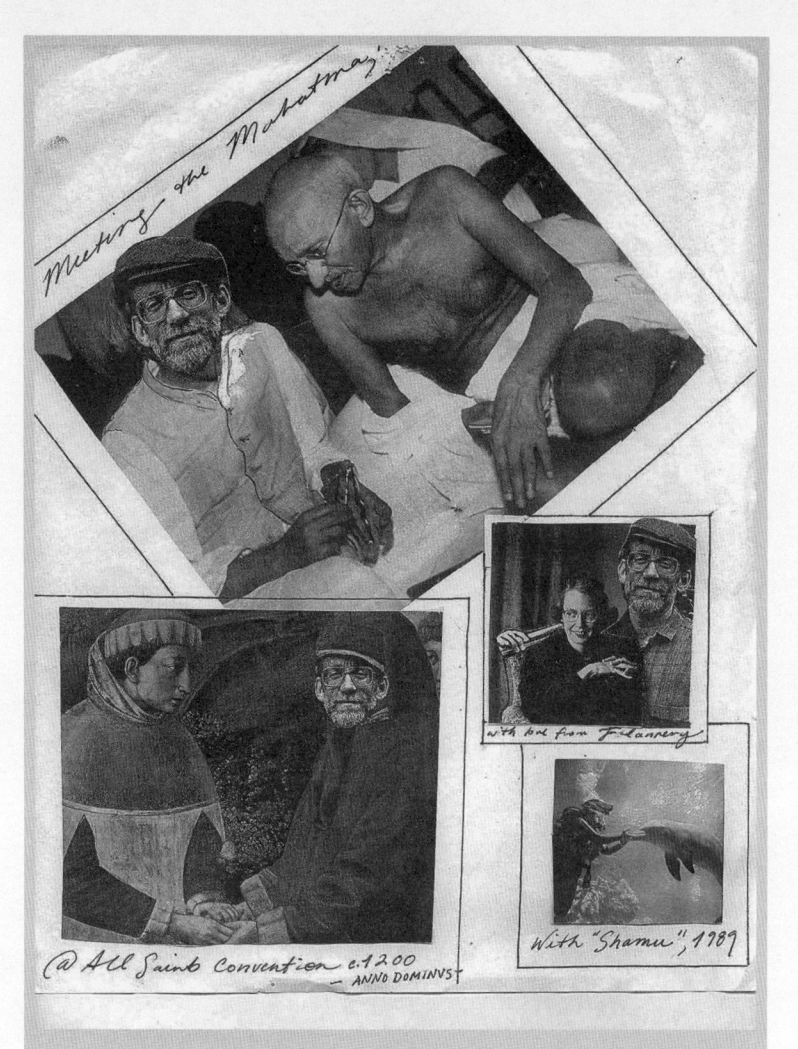

Vendo as fotos dos meus encontros com o Papa e com Madre Teresa em meu escritório (ver cap. 5), uma das minhas alunas, Joanna Yoder, fez uma brincadeira comigo e montou essa colagem na qual apareço ao lado de Gandhi, São Tomás de Aquino, Flannery O'Connor e Shamu, o golfinho.

que resultou do projeto foi exibida em St. Thomas e depois em toda a cidade. Alguns moradores consideraram que o fato de terem sido retratados com respeito os ajudou a se sentirem empoderados e capazes de empreender um processo de transformação na comunidade. Fui convidado a retornar em 1995 e visitar algumas das mesmas pessoas, tirando novas fotos e fazendo novas entrevistas. O clima estava muito melhor do que cinco anos antes.

St. Thomas ficava em uma região valorizada da cidade de New Orleans, de modo que o poder público acabou demolindo a maior parte para que a área fosse destinada a outros fins. Em 2000, a pedido dos líderes locais de St. Thomas, retornei para documentar a destruição de sua comunidade.

CAPÍTULO 8

Uma retrospectiva da minha carreira e da Justiça Restaurativa:

reflexões por ocasião do recebimento de um prêmio

PEDIRAM-ME que fizesse um breve discurso quando recebi o Prêmio Lifetime Achievement [Realizações de uma vida] concedido pelo Journal of Law and Religion em um evento realizado em 2006 pela Hamline University, em St. Paul, Minnesota. Esta foi uma das primeiras faculdades de direito a incorporar a Justiça Restaurativa em seu currículo, de modo que fiquei feliz por receber o prêmio.

Mais ou menos na metade do curso de Justiça Restaurativa que dou no Center for Justice and Peacebuilding [Centro de Justiça e Construção da Paz], peço aos alunos que tentem explicar a Justiça Restaurativa para alguém que não sabe nada sobre o assunto. Os resultados são, com frequência, interessantes e, às vezes, divertidos.

Um dos alunos era muçulmano, de Ruanda, e havia perdido sua família no genocídio. Ele se casara recentemente com uma mulher também de Ruanda, católica, e decidiu realizar sua tarefa com ela. Ele mal começara a explicar o que é a Justiça Restaurativa quando ela começou a rir: "Você veio até aqui, gastou todo esse dinheiro, apenas para aprender o que todo africano já sabe?".

Eventualmente, escuto as pessoas dizerem que, embora já conhecessem muitas das ideias incorporadas pela Justiça Restaurativa, nunca tinham pensado nelas em conjunto, de forma articulada. Isso é verdadeiro, sem dúvida, para quem vem de sistemas indígenas ou tradicionais, mas também para a maioria de nós que não compartilha dessas origens.

Na minha primeira visita à Nova Zelândia, em 1994, o sistema local de justiça juvenil restaurativa tinha apenas cinco anos. Me levaram por todo o país para dar entrevistas no rádio, na televisão, em ambientes comunitários. No final da visita, o juiz chefe do tribunal juvenil, que era maori, me disse: "Você não imagina como é bom escutá-lo articulando tudo isso de uma forma que os ocidentais podem entender. As pessoas não querem reconhecer que o nosso sistema é maori". Acredito que a Justiça Restaurativa é, de certa forma, uma maneira de articular o melhor de muitas tradições, mas de um jeito que se conecta com o pensamento ocidental contemporâneo.

Na minha perspectiva, a Justiça Restaurativa ressoa profundamente a justiça bíblica. Paradoxalmente, no entanto, um dos maiores desafios tem sido fazer com que os cristãos reconsiderem seus pressupostos sobre o castigo e reconheçam os aspectos restaurativos de sua tradição. A Justiça Restaurativa, de fato, tem implicações teológicas importantes para os cristãos.

A metáfora que me orientou na maior parte da minha vida profissional foi a de um "jornalista da justiça". Quando entrei no campo da Justiça Restaurativa, me propus a ser um intérprete, elaborando conceitos e informando sobre o que estava acontecendo. Qualquer teoria ou estrutura conceitual para cuja criação eu tenha contribuído foi motivada pelo desejo de informar o que estávamos fazendo e por quê. E é isso que tenho feito desde então.

Vejo-me basicamente como um pensador do tipo "fusca". Nos últimos trinta anos posso ter adicionado lanternas traseiras maiores e mudado o tamanho da janela, mas sigo trabalhando com a mesma estrutura básica.

Isso tudo não faz parte de um trajeto escolhido de modo consciente. Minha formação acadêmica foi em história europeia, acreditem ou não, mas muitos caminhos começaram a convergir: meu compromisso com a comunicação e com a educação popular, meus estudos de história da ciência (que contribuíram para a teoria do paradigma), minha formação em história, minha pesquisa de dissertação sobre o crime numa perspectiva histórica, minha atuação na defesa de presos e réus na década de 1970, minha fé, e até meu envolvimento com a fotografia. Olhando para trás, é como se tudo isso fosse uma preparação.

Mas foi necessário um "ato de Deus", um incêndio (usando uma imagem bíblica), para abrir meus olhos e me colocar no caminho da Justiça Restaurativa. Foi quando o abrigo para infratores que eu dirigia pegou fogo que comecei – de modo relutante, devo admitir – a me envolver com o projeto de reunir vítimas e ofensores, e essa foi a minha experiência de conversão. Foi então que comecei a entender verdadeiramente o que havia de errado com a justiça tal como a conhecemos, e percebi que existia um outro caminho.

Nas últimas três décadas, o campo da Justiça Restaurativa expandiu-se para além do que eu jamais poderia imaginar. Ao observar esse crescimento, meu entusiasmo é tensionado por minha preocupação com as possíveis – na verdade, inevitáveis – distorções e usos inadequados do conceito. Sempre digo aos meus alunos que todas as intervenções têm consequências imprevisíveis e irão se desviar, independentemente de nossas boas intenções. É essencial, portanto, manter essa tensão entre o ideal e a realidade. De fato, fico muito mais preocupado com os crédulos do que com os céticos.

Os críticos da Justiça Restaurativa dizem que somos como colecionadores de borboletas, pois nos concentramos nos melhores exemplares. No entanto, também precisamos aprender com os erros. Como disse um dos meus ex-alunos, Craig Spaulding, temos que contar as histórias das borboletas e também as dos sapos. Não é fácil fazer isso.

Há alguns anos participei de um workshop em que nos sentamos em círculo para contar histórias. Cada participante trouxe uma bela história de esperança e reconciliação. Quando chegou minha vez, falei sobre um círculo desastroso no qual fizemos tudo errado. Para usar uma expressão que ouvi de alguém, minha história foi como um gambá que aparece numa linda festa no jardim. E depois o grupo voltou às suas histórias de borboletas.

Um dos muitos debates na nossa área diz respeito à questão: a Justiça Restaurativa é (ou deve ser) uma justiça *transformativa*? Há quem diga que são duas abordagens distintas; outros dizem que é a mesma coisa com nomes diferentes; e há quem veja a Justiça Restaurativa como uma estação intermediária no caminho para a justiça transformativa. Cada uma dessas três posições tem algo de verdadeiro. Minha esperança é que a Justiça Restaurativa conduza, em última instância, à transformação não apenas de indivíduos, mas também da sociedade.

Por exemplo, fico cheio de esperança quando escuto as pessoas falarem sobre "casamento restaurativo". Sei que alguma coisa está acontecendo quando, durante um treinamento de Justiça Restaurativa na Irlanda do Norte, um comandante de polícia entra na sala e me conta que no dia anterior sua filha destruiu o carro, mas que lidou com ela de uma maneira muito diferente do que normalmente faria – por causa da Justiça Restaurativa.

Estou tentando aceitar de modo pró-ativo o fato de que estou envelhecendo. A esta altura, acredito que minha principal responsabilidade é passar o bastão adiante. E estou em um lugar maravilhoso para fazer isso. Tendo "alunos" (meu ex-colega John Paul Lederach os chamava de "colegas disfarçados de alunos") praticantes de todos os lugares do mundo, meu trabalho, como alguém já disse, é "criar um espaço onde a sabedoria possa emergir". Muita sabedoria realmente tem emergido – todas essas pessoas estão levando a Justiça Restaurativa para alguns espaços e encontrando formas de utilização prática que eu nunca teria imaginado.

Quando minha ex-aluna Tammy Krause leva a Justiça Restaurativa para o improvável cenário dos processos judiciais que envolvem a pena de morte, vejo o bastão sendo passado. Quando Barb Toews trabalha com prisioneiros e desenvolve a Justiça Restaurativa a partir de suas perspectivas, o bastão foi passado. Quando ex-alunos aplicam a Justiça Restaurativa no encaminhamento de questões de justiça em conflitos intercomunitários em Gana, o bastão foi passado.

Com tudo isso, busco encontrar equilíbrio e espaço pessoal na minha vida e incentivar meus alunos a fazerem o mesmo – a serem fanáticos de meio expediente. Levo a sério a advertência do naturalista Edward Abbey, que falou o seguinte: "Não se desgaste demais. Seja como eu. Um entusiasta relutante e um cruzado de meio período. Um fanático de meio expediente. Guarde sua outra metade para o prazer e para a aventura. Não basta lutar pelo Ocidente. É ainda mais importante aproveitá-lo, enquanto você pode, enquanto ainda está lá". Ele continua nos garantindo que, se fizermos isso, vamos ter uma sobrevida maior.

Tenho sido chamado algumas vezes de "guru" e ícone da Justiça Restaurativa. Admito ter alguns talentos, mas outras pessoas contribuíram muito para o movimento. E, sinceramente, acho que recebo uma atenção muito maior do que mereço. Reconheço que ícones e símbolos desempenham uma função importante nos movimentos, mas também sei que tal status é mais facilmente atribuído a pessoas que se tornam visíveis em razão daquilo que escrevem e falam. E é mais provável que esse lugar seja ocupado por homens brancos de meia-idade e não por mulheres ou pessoas de outras raças. Sei também que esperamos demais daqueles que colocamos num pedestal.

Feitas tais ressalvas, sinto-me profundamente honrado por receber este prêmio.

• • • • • • • • • •

A pesada escultura de bronze, feita pelo artista Michael B. Price, foi concebida como uma expressão da relação entre lei e cultura. De acordo com a descrição que a acompanhava, o prêmio "[...] tem inspiração na entrega da Lei no Sinai, embora não seja a representação desta cena. [...] As pessoas estão reunidas, relacionando-se umas com as outras ao redor da Lei. [...] O mais importante nessa imagem é a ideia de que

Durante um curso para a Polícia do Vale do Tâmisa (Reino Unido), fui nomeado policial honorário. Um "prêmio" talvez questionável, mas os editores o acharam muito engraçado para ser deixado de fora.

a Lei nos permite ter acesso a nós mesmos, aos outros e à fonte de nossos princípios éticos".

Recebi várias esculturas maravilhosas juntamente com outros prêmios. Em 2003, o Annual Peacebuilder Award [Prêmio Anual Construtor da Paz] que recebi da New York Dispute Resolution Association [Associação de Resolução de Conflitos de Nova York] é uma adorável escultura de vidro da Árvore da Paz dos iroqueses, criada por um artista local. A Árvore da Paz designa o local onde se diz que cinco nações indígenas norte-americanas que estavam em guerra se reuniram pacificamente para formar uma confederação. De acordo com a Wikipédia, o feixe de cinco agulhas característico das coníferas tornou-se um símbolo das cinco nações vivendo juntas como uma só.

PARTE III

Fotografia, Arte – e Rádio – na Vanguarda da Cura

CAPÍTULO 9

O sentido da vida: trabalhando na vanguarda da cura

A PRESENTEI este ensaio pela primeira vez em 1998 em uma aula magna do Summer Peacebuilding Institute na Eastern Mennonite University.

Meu livro Doing Life: Reflections of Men and Women Serving Life Sentences fora publicado havia dois anos. Eu queria muito usar uma abordagem semelhante com vítimas de crime, mas era um grande desafio conceber o projeto de uma maneira que fizesse jus a elas. Por fim, conversando com vítimas e seus defensores, vim a realizar tal projeto cujo resultado foi o livro Transcending: Reflections of Crime Victims. Embora não seja mencionado neste ensaio, acredito que os valores e princípios que esboço aqui foram essenciais para ele também.

Em 2017, fui autorizado a retornar à prisão e realizar novas entrevistas e fotografias com alguns dos condenados à prisão perpétua de Doing Life. Foi maravilhoso estar com eles novamente e os relatos sobre esses encontros estão em um novo livro produzido em coautoria com Barb Toews, Still Doing Life: 22 Lifers, 25 Years Later, publicado pela The New Press (2022).

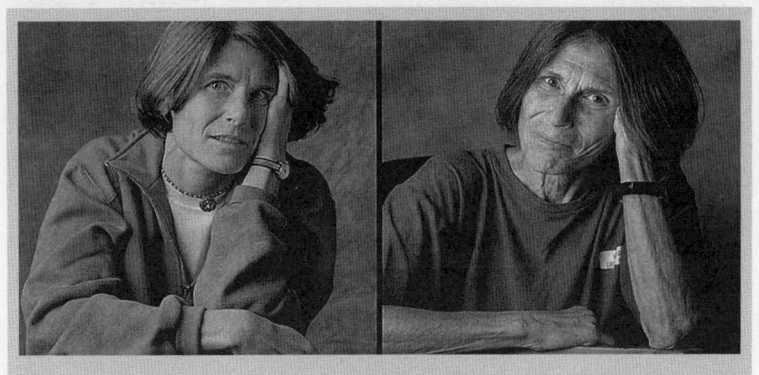

Gaye Morley, em 1990 e em 2017. Do livro *Still Doing Life*.

Dois temas têm sido importantes em minha vida: realizar documentários e a Justiça Restaurativa. Há entre eles um tipo de tensão e às vezes sinto como se a minha cabeça estivesse dividida em duas partes.

De um lado, sou fotógrafo. Por quase quinze anos, recebi parte da minha renda em um trabalho de meio período como fotógrafo. Tirei fotos de paisagens e fotos para publicidade. Fotografei peixes mortos dentro de uma pasta de trabalho numa praia e peixinhos dourados em uma máquina de chicletes. Realizei trabalhos de fotojornalismo em mais de vinte países, mas o que mais gosto é a fotografia documental, em que uso as imagens para explorar e mostrar a realidade das pessoas para quem não as conhece.

Eu também gosto de fazer entrevistas e de combinar fotografias com palavras. Acho que as fotografias, por si sós, podem ser um tanto ambíguas. Vejo as entrevistas como uma forma de ajudar as pessoas a se expressarem, uma maneira de construir pontes sobre abismos que as separam. Certa vez, li uma citação de um artista que disse:

"Artistas deveriam estar na vanguarda da inovação. Eu quero estar na vanguarda da cura". Minha visão é usar a fotografia como uma forma de estar na vanguarda da cura.

Outra parte da minha carreira se desenvolveu na área da justiça criminal, onde incentivo as pessoas a repensarem o que pensam saber sobre crime e justiça. Novamente, meu objetivo é estar na vanguarda da cura, e não na vanguarda da inovação.

Mais do que qualquer outra coisa que realizei antes, foi um projeto de fotografia documental com pessoas cumprindo pena de prisão perpétua, *Doing Life*, que reuniu os dois lados da minha vida. E isso me deu muita satisfação.

É gratificante ouvir dessas pessoas que a experiência de serem entrevistadas e de se verem nas fotos transformou a maneira como elas se enxergam. Sinto-me também recompensado quando me dizem que este livro está sendo usado com jovens detidos para ajudá-los a refletir sobre suas vidas. Foi especialmente gratificante receber uma carta em que a vítima de um crime disse: "Não posso acreditar que estou escrevendo isso, mas gostaria de entrar em contato com alguns dos infratores que aparecem em seu livro".

O projeto também causou algum desconforto por apresentar apenas um lado de uma equação complicada, o lado do "infrator". Ainda assim, para mim pessoalmente, tem sido uma tentativa de reunir aqueles dois lados divididos na minha vida.

Quatro temas principais se juntaram no projeto *Doing Life*. Um deles é a ideia de distanciamento social relacional. O distanciamento social que sentimos em relação a outras pessoas afeta a forma como as percebemos e tratamos e o que esperamos "delas". O distanciamento social relacional nos permite transformar as outras pessoas em objetos e assim podemos fazer todo tipo de coisas terríveis com "elas". Elas se tornam o "outro". Em seu eloquente ensaio no livro *The Handbook of Qualitative Research* (1ª edição), a pesquisadora Michelle Fine observa que grande parte – talvez a maioria – das pesquisas e das reportagens têm constituído "um discurso colonizador do outro". O mesmo ocorre com a fotografia.

O distanciamento social relacional é o que torna possível punir tantas pessoas neste país. Quase seis e meio milhões de pessoas estão sob o controle do sistema de justiça criminal nos Estados Unidos. Como apontou o criminologista norueguês Nils Christie, não seria possível punir pessoas desse jeito se as conhecêssemos bem, se soubéssemos de todas as suas complexidades e peculiaridades como seres humanos reais.

E é também o distanciamento social relacional que possibilita tamanha negligência em relação às vítimas. No lugar de pessoas reais, nós as transformamos em abstrações, estereótipos e símbolos. O sistema legal moderno faz isso, transformando todo o processo em uma espécie de drama abstrato no qual vítimas e infratores são estereótipos, e o próprio procedimento é um enigma.

Curiosamente, é também em razão do distanciamento social relacional que os ofensores fazem o que fazem – podem vitimar outras pessoas porque não se identificam com a vítima. Muitos, talvez a maioria, cometem crimes valendo-se daquilo que os psicólogos chamam de "estratégias de neutralização" – racionalizações e estereótipos utilizados como uma forma de não pensar na vítima como uma pessoa.

O distanciamento social relacional é um conceito chave. Meu objetivo em *Doing Life* e o objetivo da Justiça Restaurativa é encontrar uma maneira de reduzi-lo.

Um segundo tema que surgiu para mim com *Doing Life* é o que Ezzat Fattah, um especialista em vitimologia na Columbia Britânica, chamou de "transformação de vítimas em vitimários". Estamos tão obcecados com a punição que dificilmente percebemos que ela não funciona. Um estudo que revisou 23.000 referências na literatura especializada não encontrou qualquer evidência significativa de que a punição muda as pessoas para melhor.

A maior parte dos infratores se percebe como vítima. De fato, muitos foram vítimas e, por se sentirem vitimizados também em suas experiências com o sistema de justiça, aquela autopercepção é confirmada. Questões relacionadas a quem foi a vítima e o que lhe é devido surgiram com frequência nas entrevistas de *Doing Life*.

Um terceiro tema com que me deparei é o modo como as pessoas constroem significados a partir de circunstâncias muito difíceis. Vemos, em suas palavras, que os condenados à prisão perpétua estão tentando construir significados a partir das coisas terríveis que fizeram e das experiências que tiveram desde então.

Irvin Moore, cumprindo pena de prisão perpétua na Pensilvânia, se expressou assim:

"Vida" tem dois significados para nós. Vida é vida, o termo genérico. Estar vivo, acordar todos os dias. Vida também é a sentença que você cumpre. Na Pensilvânia, a vida é cumprida até que você morra.

Era esse significado duplo que eu queria explorar: pessoas que haviam tirado uma vida estavam agora cumprindo uma sentença por toda a vida. O que tinham aprendido? Como haviam construído significado a partir da experiência? Esta é também a questão que as vítimas enfrentam. Estou cada vez mais convencido de que a justiça diz respeito à construção de significado.

Um quarto tema: Albert Renger-Patzsch, um fotógrafo do início do século XX, , disse parecer-lhe que "a finalidade maior da fotografia é fazer justiça ao objeto fotografado e não servir como meio de expressão de uma individualidade artística". Esse é o meu objetivo: fazer jus ao objeto.

Um amigo que cumpria pena de prisão perpétua no Alabama me deu a ideia para este projeto. Um dia, ele escreveu: "Cumprir uma sentença de prisão perpétua é como tentar manter uma vela acesa em um túnel escuro". Comecei a me perguntar como homens e mulheres presos por toda a vida concebem a situação que estão vivendo? De quais metáforas se valem? Como veem o que fizeram? No final do projeto, tinha entrevistado e fotografado cerca de 70 homens e mulheres que cumpriam pena de prisão perpétua na Pensilvânia.

Refleti muito sobre como apresentar essas pessoas. Eu queria fazer isso de um modo honesto, mas sem os sinais estereotipados que a maioria dos fotógrafos inclui ao retratar pessoas que cometeram crimes. Então, usei um cenário simples e obtive autorização para que eles vestissem as roupas comuns que fossem permitidas. Tentei encontrar uma maneira de trabalhar colaborativamente com eles que trouxesse alguma reciprocidade. Tentei "fazer jus" a eles.

Quando falamos sobre crime, essa pergunta também me intriga: o que realmente significa fazer justiça? Nas escrituras hebraicas e cristãs, o profeta Miqueias começa sua resposta à pergunta "O que o Senhor exige?" dizendo: "Fazer justiça". Para mim, a pergunta seguinte é a central: "O que a justiça exige?".

O sistema legal pressupõe que as necessidades das vítimas são irrelevantes para o processo; que as obrigações do infrator para com a vítima ou para com a comunidade não têm nada a ver com o processo; que a comunidade não tem nenhum papel a desempenhar na justiça; que as feridas advindas do crime e as que levaram ao crime – ou ainda aquelas criadas por um processo adversarial – são irrelevantes para a justiça.

A Justiça Restaurativa responde à pergunta de maneira bastante diferente. Afirma que o ponto de partida da justiça deve ser aquilo de que as vítimas necessitam. Responde dizendo que as necessidades e obrigações dos ofensores são centrais para a justiça. E que a comunidade tem um papel a desempenhar.

Na sociedade ocidental, entendemos que responsabilização (*accountability*) é retribuir dor com dor, sofrimento com sofrimento. Mas a verdadeira responsabilização é buscar compreender o que você fez e então assumir alguma responsabilidade por isso. Uma premissa da Justiça Restaurativa é que os ofensores devem assumir responsabilidade pelo dano que causaram e têm obrigação de corrigir as coisas.

Uma segunda premissa da JR é o princípio fundamental do engajamento. Em vez de a justiça envolver uma troca adversarial entre o Estado e o infrator, ambos operando em um modo autoprotetivo, a justiça deve envolver todos os três: a vítima, o infrator e a comunidade. O resultado deve ser algo que corrija as coisas, tanto quanto possível.

O último tema da Justiça Restaurativa une as duas partes da minha vida: diz respeito à metáfora. Estou cada vez mais convencido de que as metáforas orientam a forma como pensamos e podem ser ainda mais fundamentais do que as ideias. Geralmente usamos metáforas ao pensar e falar sobre coisas que não podemos ver ou tocar; também fazemos uso delas ao comparar uma coisa com outra, embora não mencionemos que estamos fazendo isso.

Embora as metáforas sejam poderosas e possam ter implicações positivas, nunca são uma imagem completa do que representam. Sempre há uma parte que não corresponde bem ou que é deixada de fora. A Bíblia usa muitas metáforas sobre Deus porque não podemos vê-Lo ou tocá-Lo e porque uma única jamais seria uma correspondência exata.

Metáforas podem também determinar sutilmente nossas ideias, sem nos darmos conta. Por exemplo, na linguagem discursiva que domina o mundo ocidental, algumas das metáforas predominantes que usamos têm relação com a guerra. Você "vence" um argumento. Você "derruba" as ideias de um oponente. Nossas premissas fundamentais são as do conflito.

Deborah Tannen, em seu livro *The Argument Culture*, afirma que no discurso público a disputa e a agressão são mais valorizadas do que a cooperação e a conciliação, e que a nossa "cultura de argumentação" se baseia na suposição de que a oposição é a melhor maneira de realizar qualquer coisa. Para Tannen, a parte mais perigosa dessa epopeia de agressão e luta ritual é "uma atmosfera de animosidade que se espalha como uma febre". Mas e se usássemos, em vez disso, a metáfora da dança? Isso nos conduziria por uma direção completamente diferente.

Na linguagem da fotografia, usamos a expressão "disparar", falamos "tirar" a foto, colocamos a câmera diante dos nossos olhos como se fosse a mira de uma arma. Anúncios em revistas especializadas promovem uma "batalha" entre os tipos de câmeras. Eles vendem um "arsenal de lentes". É a linguagem da caça em que o fotógrafo aparece como predador. Eu gostaria de mudar essa metáfora e ver a fotografia tornar-se orientada para o sujeito, sendo usada de forma a empoderar as pessoas, colaborar com elas, dando-lhes voz e visibilidade. Gostaria que aprendêssemos uma linguagem que substituísse o "tirar" por "receber".

As metáforas têm um papel de destaque tanto em *Doing Life* quanto em *Transcending*: "Um redemoinho tentando sugar você" (Marilyn Dobrolinski, condenada à prisão perpétua), "Uma escada sem degraus" (Lynn Shiner, sobrevivente). Não tendo outras palavras para descrever suas experiências extremas, quem passa por um trauma precisa de metáforas para poder expressá-las.

Como um terapeuta me disse, o trabalho com quem passou por uma experiência traumática consiste em ajudar a pessoa a identificar a metáfora do trauma que está dominando a sua vida para, em seguida, substituí-la por uma metáfora de esperança.

Pense em como uma imagem fotográfica acontece. Não podemos estender a mão para pegá-la. A luz reflete de volta a imagem e nós a recebemos. A metáfora da meditação é muito mais apropriada do que a da caça. Em *Doing Life*, eu estava tentando colocar em prática o que acredito sobre a fotografia como um ato de receber.

De maneira parecida, a pesquisa científica muitas vezes usa metáforas da linguagem da caça. Acredito que há outra maneira de pensar sobre a pesquisa. Em minhas aulas de metodologia, começamos a desenvolver diretrizes e valores para o que chamamos de "pesquisa transformativa".

É um tipo de pesquisa que não se preocupa tanto com a produção do conhecimento puro. Ao invés disso, seu foco está na ação social, na construção de comunidade, na promoção do diálogo, na redução do distanciamento social relacional, no questionamento dos nossos mitos reconfortantes, na capacitação de indivíduos e comunidades para a solução de problemas, em dar voz a pessoas marginalizadas e promover a justiça.

A pesquisa transformativa respeita o que/quem está sendo analisado ao promover valores como colaboração, participação, capacitação, responsabilidade, confidencialidade, reconhecimento de obrigações para com eles, transparência de objetivos, métodos e intenções, benefícios para o sujeito e oportunidade para que se apresentem com suas próprias vozes.

Estou buscando uma metáfora para um modelo de pesquisa e de justiça baseado no respeito. Estou cada vez mais convencido de que o crime tem muito a ver com desrespeito. As vítimas experimentam o crime como um profundo desrespeito. O que elas querem da justiça é serem respeitadas, mas muitas vezes isso não acontece.

Também estou convencido de que o desrespeito é a razão pela qual os ofensores cometem grande parte das ofensas. É um esforço para obter respeito, mas de maneira ilegítima. Se vamos lidar com essa crise, temos que encontrar uma justiça que respeite. Acredito que este é o cerne da Justiça

Restaurativa. É atender aos requisitos da justiça e fazer isso com respeito.

Em *Doing Life*, busquei fazer com que as fotografias demonstrassem respeito. Também tentei que fossem capazes de expressar o poder da conexão e que representassem um convite para entrar em relacionamento. Espero ter feito justiça às pessoas retratadas.

• • • • • • • • • •

Embora meu trabalho com fotografia documental e retratos provavelmente tenha sido o mais significativo, o fotojornalismo internacional que realizei para o Comitê Central Menonita trouxe muitas aventuras. Algumas foram positivas: tenho boas lembranças de voar sobre o Grande Vale do Rifte no Quênia em um pequeno avião, observando as nuvens de tempestade que se formavam; ou de voar sobre o deserto do Kalahari ao pôr do sol, o avião tentando pousar em um curto intervalo antes de escurecer; voar baixo sobre a paisagem desértica do sul do Sudão ao anoitecer, com a porta do compartimento de carga do C130 aberta para que pudéssemos observar os animais; sentar sob uma árvore no sul do Sudão, discutindo política internacional com um comandante rebelde; andar com moradores do Laos por campos de arroz enquanto fotografava o trabalho de retirada de minas; compartilhar refeições com moradores de vilarejos na Índia, na Nicarágua, entre outros lugares.

Mas também houve aqueles momentos para os quais é melhor olhar à distância, em retrospectiva. Isso inclui voar sobre o sul do Sudão durante a guerra civil em um avião Antonov russo que quase foi abatido por rebeldes; passar a noite em um hospital bombardeado no meio do nada enquanto figuras sombrias se moviam no escuro; dormir em cabanas de palha em um acampamento de líderes rebeldes em meio a rumores de que haveria um ataque do grupo rival.

Acho que foi na Penitenciária Estadual de Angola, na Louisiana, que tirei a primeira foto no interior de uma prisão. O texto a seguir está num diário fotográfico que comecei há algum tempo. O estilo de enquadramento fechado parece uma antecipação das fotos de Doing Life, feitas 15 anos depois.

Corredor da Morte, Penitenciária Estadual de Angola, LA, 1981

Tim Baldwin foi um dos presos do corredor da morte que fotografei nesta visita, organizada pelos advogados de defesa. Um amigo jornalista que investigou o caso está seguro de que Tim era inocente e que sua condenação foi devida à incompetência policial ou, mais provavelmente, improbidade. Tim foi executado por eletrochoque três anos depois, em 1984. Ele tinha 46 anos.

De acordo com o site Murderpedia, as últimas palavras de Tim Baldwin foram: "Sempre tentei ser um bom esportista quando perdia, e não vejo motivo para abandonar tal princípio ao deixar este mundo. Afinal, foi uma batalha infernal. Cumprimento, portanto, todos os que se esforçaram tanto para me assassinar. Tenho definitivamente que parabenizá--los, pois é preciso ser um tipo de pessoa muito especial para assassinar um homem inocente e depois ainda ser capaz de conviver consigo".

Vários anos após o lançamento de Doing Life, uma das vítimas sobreviventes cuja história está no meu livro Transcending entrou em contato comigo e disse: "Não posso acreditar que estou pedindo isso, mas na próxima vez que você for à prisão, posso ir com você?".

Nós a convidamos para assistir a nova peça da atriz Ingrid DeSanctis que estava programada para estrear na prisão de Graterford. A peça foi apresentada em um grande auditório para um público de centenas de homens, e o Diretor nos alertara que todos, num evento anterior, haviam saído antes do fim. Mas, naquele dia, ninguém saiu; na verdade, a plateia estava totalmente silenciosa e atenta.

No final da peça, Ingrid, os atores e eu fomos convidados a sentar no palco para responder perguntas. A história de nossa convidada fazia parte da peça e alguém fez uma pergunta sobre sua motivação. Querendo preservar a identidade dela, Ingrid começou a responder, mas nossa convidada a interrompeu, se identificou e respondeu aquela pergunta dentre outras.

Depois, os homens se aglomeraram ao redor de nossa convidada, fazendo perguntas, expressando arrependimento.

Foi uma experiência emocionante. Depois, ela continuou a visitar prisões, encontrando-se com homens e mulheres para contar sua história e dialogar com eles.

A arte é poderosa!

A associação dos condenados à prisão perpétua da Prisão de Graterford foi uma fonte importante de inspiração e direcionamento para o projeto de foto/entrevista que veio a se tornar o livro *Doing Life*. Em 1992, eles me deram um prêmio. Bruce Bainbridge está à esquerda. À direita está Tyrone Werts, presidente do grupo de condenados. A sentença de Tyrone foi posteriormente comutada e ele foi libertado. Trinta anos depois, sigo mantendo contato regularmente com Bruce.

O projeto com os condenados à prisão perpétua foi uma exposição antes de se tornar um livro. A exposição foi exibida em um banquete para os familiares na prisão de Graterford. Bessie Williams, da equipe do Departament of Corrections, está à esquerda e o preso Tyrone Werts aparece à direita.

Além de retratos, sempre gostei muito da fotografia de paisagens. No início, eu trabalhava com aquelas grandes câmeras de campo feitas de madeira, e agora uso as digitais. Algumas mudanças são evidentes – e não apenas as do equipamento – entre a primeira foto do final da década de 1980 e a de 2019! Ambas foram tiradas por meu amigo de longa data e ceramista internacionalmente conhecido, Dick Lehman.

CAPÍTULO 10

Quando o pai ou a mãe está na prisão

A GAROTA aqui retratada está no livro What Will Happen to Me? *[O Que Acontecerá Comigo?], feito em parceria com minha colega de longa data, Lorraine Stutzman Amstutz. Queríamos dar voz e visibilidade a cerca de três milhões de crianças que têm um ou ambos os pais na prisão.*

Além disso, nosso objetivo era ajudar as pessoas que lidam com essas crianças – professores, assistentes sociais, avós que delas cuidam – a compreender melhor suas experiências e perspectivas. Neste projeto, fiz as fotos, enquanto outros, incluindo Lorraine, realizaram as entrevistas.

Jasmine é uma das três milhões de crianças nos EUA que têm um ou ambos os pais na prisão. São elas as vítimas ocultas, os efeitos colaterais do crime e das nossas políticas prisionais.

Elas enfrentam as dificuldades e desafios comuns a todas as crianças cujos pais estão ausentes, mas há camadas adicionais de dificuldades, como a vergonha e a culpa por associação; sentem-se em consequência, muito isoladas. Sentem-se, às vezes, culpadas – talvez tenham de alguma forma contribuído para a situação de seus pais.

Essas crianças ficam ansiosas em relação a seus pais, às pessoas mais velhas que delas cuidam, ao seu próprio bem-estar e futuro. Precisam lidar com a perda e a saudade.

Muitas vezes, não lhes dizem a verdade sobre onde seus pais estão ou o que fizeram, e isso faz com que seja difícil, para elas, confiar em alguém.

Elas sentem muita raiva. No livro, por exemplo, Taylor afirma que ficava irritada com todas as pessoas, com o mundo. Ela não queria falar com ninguém e descontava sua raiva nos outros. "Você tem que amadurecer rápido", disseram muitas das crianças mais velhas.

Ao escutar e fotografar essas crianças, ficamos profundamente tocados por suas lutas, mas também por seus insights e resiliência.

Uma abordagem baseada na Justiça Restaurativa implica reconhecer que as pessoas vitimizadas pelo crime devem ocupar um lugar muito mais central no sistema de justiça do que aquele que lhes é atualmente reservado. Embora a prioridade deva ser dada às vítimas diretas do crime, todos aqueles que foram prejudicados possuem também um interesse legítimo.

Uma meta geral da Justiça Restaurativa é sanar os danos causados pelo crime de uma forma muito abrangente. A preocupação de compreender e tratar tais danos levou-nos, a mim e à coautora Lorraine Stutzman Amstutz, a este projeto.

Alguns filhos e filhas de pais presos são atingidos de maneira avassaladora. O trauma os afetará pelo resto de suas vidas e possivelmente será transmitido às futuras gerações; com frequência o trauma é um fenômeno intergeracional. Em razão disso, é provável que os filhos dessas crianças venham a ser presos.

Mas, com luta e perseverança, algumas crianças conseguem transcender o trauma. Estive recentemente numa das cidades onde essas entrevistas foram realizadas para dar uma palestra e tive a oportunidade de encontrar algumas das crianças mais velhas, dois anos aproximadamente após tê-las entrevistado. Estavam se saindo muito bem, em grande parte devido à presença de mentores e pessoas que, cuidando delas, desempenhavam um papel significativo.

No livro, a adolescente Taylor diz: "As crianças realmente afetam a gente. Realmente afetam. Mas quero que [as crianças] saibam que vamos superar. Se tivermos alguém que esteja lá para nos ajudar, podemos superar. Isso te faz mais forte – sei que me deixou mais forte".

Stacy Bouchet descreveu muitas situações que precisou enfrentar porque seu pai estava preso. Concluiu o doutorado e [no momento da entrevista] trabalhava em uma organização que promove a paternidade positiva. No final da entrevista, afirmou que o fato de um pai ou uma mãe estar na prisão deveria ser um sinal para a comunidade – e para o sistema – de que alguma coisa está acontecendo nas famílias e precisa de atenção.

Com aproximadamente dois milhões de pessoas presas, muitas delas sendo pais e mães, algo de fato está acontecendo nas famílias.

• • • • • • • • • •

Jenn Dorsch, formada no CJP, utilizou o livro What Will Happen to Me? *para dar início às conversas nos encontros do grupo Secret Sisters no GIRLS, Inc., onde ela trabalhava. Durante as reuniões semanais dessas meninas, filhas de mãe ou pai preso, as participantes liam trechos do livro e discutiam de que modo se conectavam com suas próprias vidas. A mãe de uma das meninas disse que o livro havia fornecido à sua filha "as ferramentas necessárias para lidar com qualquer coisa emocionalmente difícil que pudesse surgir".*

Jenn me convidou para participar de uma refeição especial preparada para essas meninas, pedindo que montasse um estúdio para tirar fotos delas e dos familiares que estivessem dispostos. Foi muito divertido participar do evento e ajudá-las a serem retratadas tal como desejavam.

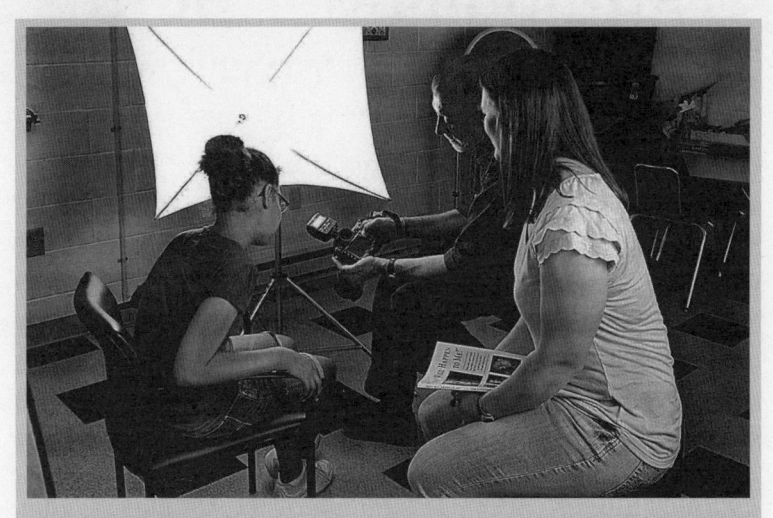

Fotografando as Secret Sisters. Aqui estou mostrando a uma delas o resultado do que havíamos feito até aquele momento. Perguntei se estava satisfeita e se tinha outras ideias de como gostaria de aparecer.

CAPÍTULO 11

Radioamador para garotos e coroas

Sou por natureza uma pessoa que gosta de inventar, construir, criar coisas novas e, ao longo da minha vida, a eletrônica tem sido a área em que venho exercendo esse tipo de atividade. Construir coisas, encontrar soluções para problemas, reparar e recuperar equipamentos eletrônicos são, para mim, uma fonte de vitalidade e de equilíbrio, uma forma de liberar minha energia criativa. Há alguns anos explorei um pouco desse assunto no ensaio a seguir, até agora inédito.

Sinto-me às vezes anacrônico – um septuagenário que tem por hobby o radioamadorismo, em plena era da internet, e opera com o código Morse, uma forma de comunicação que não é utilizada atualmente nem mesmo em situações de emergência. Mas não estou sozinho. Há toda uma geração que começou a mexer com isso na infância, durante os anos 1950, e ainda hoje segue em frente.

O radioamadorismo pode parecer um anacronismo na era dos celulares e da internet. No entanto, existem hoje mais operadores licenciados do que no passado. Isso se deve, em parte, às novas plataformas e técnicas disponíveis: comunicações via satélite e refletores lunares, uma variedade de modos digitais, novas frequências experimentais, novas tecnologias eletrônicas, novas fronteiras a explorar. Embora as mulheres continuem ainda sendo uma minoria, sua participação está aumentando. Mas existe esse grupo de velhos – sim, na maioria homens – ainda atuantes, ainda utilizando o código Morse, ainda inventando, e estou entre eles.

> Este era o meu "abrigo" (quarto, na verdade) quando eu tinha 16 ou 17 anos. Morávamos na casa paroquial ao lado da igreja, onde meu pai era pastor, e minha voz às vezes ecoava pelo sistema de som. Uma vez, tinha escapado do culto e estava chamando, se não me engano, uma estação cujo código fonético era *"King George's Donkey"* [Burro do Rei George]. De repente, minha mãe entrou no quarto furiosa. As pessoas na igreja podem não ter entendido o que estava acontecendo, mas ela certamente entendeu!

Tenho refletido ultimamente sobre duas questões: Por que tantos de nós, garotos dos anos 1950, nos envolvemos com o radioamadorismo? E por que continuamos envolvidos nesta fase de idade avançada? Será por nostalgia? Ou será que existe mais alguma coisa?

O livro de Susan Douglas sobre a história do rádio, *Listening In: Radio and the American Imagination*, interessante e repleto de informações, oferece algumas possíveis respostas para a primeira pergunta. No capítulo sobre radioamadorismo, "Por que o radioamador importa", ela sugere que o interesse entre os meninos era devido, em parte, ao que estava em geral acontecendo nos anos 1950 e, também, à natureza da masculinidade no século XX.

Estávamos na era pós-Segunda Guerra Mundial. As ondas de rádio estavam novamente disponíveis para uso não militar. Era fácil encontrar peças e equipamentos eletrônicos por um preço acessível em razão dos excedentes militares e das novas produções. No entanto, o rádio ainda estava em seus primórdios, havia muito a ser descoberto por amadores. O espectro de frequências do rádio era, como Douglas afirma, um território inexplorado, uma extensão etérea das fronteiras norte-americanas: democrático, imprevisível, misterioso, aberto à exploração e descoberta. Entre 1954 e 1959 – anos em que passei nas provas e recebi a licença – quase dobrou o número de operadores de rádio amador.

De acordo com Douglas, o rádio ajudava os garotos a encontrar os elementos de um tipo específico de masculinidade vigente em meados do século XX que não reproduzia o modelo extremado do estilo John Wayne e nem a cultura *prevalente*. Talvez fosse um caminho adequado para ajudar os que não se encaixavam nas expectativas convencionais a ter um espaço. Garotos como eu.

Era tímido, introvertido. Não era muito competitivo e não tinha nenhum interesse por esportes. Embora não diagnosticado – não havia tal vocabulário naquela época – talvez tivesse algum grau de hiperatividade ou fosse, como se diz hoje, um aluno cinestésico, com necessidade de envolver, no seu processo de aprendizagem, tanto as mãos quanto a mente. Adorava inventar e experimentar, muitas vezes criava coisas a partir de peças velhas e objetos descartados. A eletrônica – e o rádio especialmente – proporcionavam um campo em que eu podia explorar, conceber, criar, desenvolver habilidades e até alcançar algum nível de competência tecnológica. Enquanto a maioria dos garotos tentava dominar algum tipo de esporte, eu buscava dominar a eletrônica.

O rádio e a eletrônica também me possibilitavam estabelecer conexão com outras pessoas. Enquanto eu tentava entender por que o rádio de galena que ganhei quando entregava jornais de bicicleta não funcionava, conheci operadores locais de radioamador e um senhor de idade que era técnico em rádio na pequena cidade onde eu morava. Estava aprendendo a criar redes de contatos – uma habilidade que acabaria sendo importante profissionalmente. Pelo rádio, eu conversava com pessoas ao redor do mundo com interesses semelhantes. Ainda que nossas conversas fossem geralmente curtas e não muito profundas, havia uma conexão. E, no âmbito local, encontrei alguns colegas que compartilhavam os meus interesses.

O rádio amador é – e sempre foi – uma subcultura com seus próprios rituais, normas e linguagem, uma espécie de tribo ou fraternidade que proporciona um senso de comunidade e pertencimento. Hoje me pergunto se, sem essa atividade, significado e comunidade, não poderia ter me tornado um jovem deprimido e marginalizado.

Douglas entende que o rádio proporcionou aos jovens que tinham interesses similares uma maneira de se conectarem "em algum nível místico e metafórico" que não necessariamente implicava uma conexão física. Como nos esportes, mas de uma forma muito menos agressiva, ensejava um tipo de habilidade individual e de competição, em equilíbrio com um alto grau de cooperação e trabalho em equipe. Com o radioamador, diz a autora, os homens podiam "escapar das restrições da masculinidade convencional" ao mesmo tempo em que cultivavam características e interesses masculinos. A competição neste ambiente era atenuada, de modo consciente, por características consideradas mais "femininas", como cooperação, altruísmo e apoio mútuo. Isso proporcionava um lugar de pertencimento.

Pode ser que essa explicação não se aplique a todos os radioamadores daquele período, mas faz muito sentido, ao menos para mim. Em primeiro lugar, me ajuda a entender por que me envolvi (por que nós nos envolvemos) nessa atividade. Mas por que será que estou (estamos) ainda ativos? Ou talvez devesse perguntar – por que retornei? Como muitos homens da minha geração, estive fora do ar (QRT, na linguagem do rádio) durante grande parte da minha vida profissional e familiar. Retornei por volta dos 50 anos, depois que os filhos saíram de casa, e fui me tornando mais ativo na medida em que me aproximava da aposentadoria.

O radioamadorismo possibilita que nós, aposentados, permaneçamos conectados, com a mente ativa. É uma maneira de fazer parte de uma comunidade bastante democrática, uma subcultura que ultrapassa barreiras de classe social. E, afinal, como costumo dizer, é mais barato que golfe.

Daqui em diante falarei apenas por mim, pois não tenho, além das minhas impressões, qualquer tipo de pesquisa que possa me respaldar.

Costumava pescar usando um equipamento ultraleve para aumentar o desafio e a emoção. Preocupado com o impacto ambiental em relação aos peixes e tendo consciência de que estava machucando um ser vivo, abandonei esse hábito. No entanto, percebi que o rádio é uma modalidade eletrônica da prática do "pesque-e-solte". Depende da habilidade pessoal, requer alguns equipamentos bacanas e traz a emoção de fisgar por acaso alguém que você não pode ver... e ninguém sai ferido. Como na pesca ultraleve, uso às vezes baixa potência — "QRP" — para incrementar o desafio.

Existe, na subcultura do radioamador, outra subcultura de fabricantes e operadores QRP, e, sem contar as pessoas mais próximas geograficamente, é com essa comunidade de rádio que tenho mais conexão. Participo de vários grupos online dedicados aos equipamentos QRP e sou membro de várias organizações nacionais. Costumo, inclusive, escrever para um de seus periódicos e há alguns anos fui convidado para dar uma palestra em um seminário nacional. Falei sobre antenas magnéticas para equipamentos que operam em baixa potência. Embora não seja assim para todos, para mim a experiência com rádio sempre teve a ver tanto com os aspectos técnicos e criativos, como com a experiência de estar em alguma transmissão. Gosto de construir, restaurar, personalizar equipamentos, resolver problemas técnicos, tanto ou mais do que estar no ar.

Enquanto escrevo isso, estou trabalhando com um transceptor de baixa potência, controlado por software. O aparelho (um kit que veio parcialmente montado) foi projetado por um operador de radioamador na Índia com o objetivo explícito de ser "hackeado" e, assim, aprimorado pela comunidade de radioamadores que o utiliza. Não veio com garantia e tem várias limitações. O chip de circuito integrado que fornece o áudio é frágil, fica sobrecarregado e o aparelho pode facilmente queimar e virar fumaça, como aconteceu com o meu.

Aqueles que participaram da comunidade online criada em torno desse rádio compartilharam várias soluções alternativas para os problemas. Descobriu-se que um deles era a alta potência de transmissão de uma estação local de rádio AM, que sobrecarregava o receptor. Com base nas ideias compartilhadas, encontrei uma solução e postei no grupo. Como o ruído de fundo sobrecarregava os sinais de código Morse, instalei um filtro de áudio que acabou com o problema. Agora é possível usar o equipamento, que ainda apresenta problemas intrigantes e desafiadores e não é, nem de longe, tão bom quanto os meus outros rádios. Mas sei que vou ficar entediado se e quando ele realmente começar a funcionar bem. *[Nota posterior: por fim, acabei vendendo aquele rádio para encarar outros desafios.]*

O código Morse, conhecido como "CW", é em si uma arte e um desafio. Quando retornei ao radioamadorismo depois de ter ficado afastado por anos, um dos meus objetivos era tornar-me um bom operador CW: aprender a decodificar mentalmente e a enviar com espaçamento e ritmo ideais. Uma boa transmissão em CW é uma arte e, quando bem-feita, é muito bom enviar e "copiar", ou seja, receber. Muitas vezes, ao conversar com alguém no ar à noite, um de nós comenta que está obtendo nossa "dose de CW" para o dia. Fico sempre satisfeito quando alguém elogia meu punho (*"my fist"*) – isto é, minhas habilidades na transmissão.

Ao longo dos anos, tive a sorte de manter um amplo círculo de amizades, devido em parte ao meu trabalho nas áreas da justiça e fotografia. Ao contrário de alguns homens, tenho vários amigos próximos do sexo masculino. No entanto, o rádio continua a me proporcionar uma espécie de comunidade de interesses que extrapola profissões e classes sociais, uma comunidade que se torna ainda mais significativa no momento em que me aposento das minhas atividades na justiça e na educação.

Isso parece ser verdade para os outros também. Várias vezes por semana [isso foi antes da pandemia de Covid], um grupo de radioamadores se reúne para o almoço numa lanchonete local. As profissões são muito variadas e a maioria é de aposentados. O número de participantes oscila, e junto-me a eles ocasionalmente. Às vezes, a conversa é sobre rádio, mas muitas vezes inclui outros tópicos – exceto política. Em geral, há um acordo no radioamadorismo no sentido de que a política é um assunto que deve ser evitado.

Douglas conclui o capítulo dizendo: "Por trás do estereótipo que vê os radioamadores como 'velhos e gordos nos porões' estão pessoas que insistem que o rádio seja participativo, ativo, não comercial, educacional, pessoalmente libertador e democrático [...]"

O rádio pode não me proporcionar o exercício físico de que preciso, mas me permite inventar, criar e exercitar meu cérebro. Mantém-me conectado. As características listadas por Douglas ressoam com os meus valores. E é mais barato que golfe.

Na minha "cabana" (um canto do meu escritório) no início de 2022. Nenhum microfone à vista – agora só utilizo CW. O rádio na prateleira à minha direita é uma versão atualizada do rádio da Índia mencionado anteriormente. Aprimorar essa versão é um projeto atual.

• • • • • • • • • •

Perdi contato, depois da formatura, com um dos meus melhores amigos de Morehouse College, Jim Richards. Há alguns anos – cinquenta anos depois – nos reencontramos. Jim, hoje aposentado, fez carreira como engenheiro eletrônico e de software em uma das maiores empresas de computadores e software do mundo. Durante parte desse tempo, como "Arquiteto de Soluções", ele era encarregado de resolver os problemas dos clientes. Apesar de não ser um operador de radioamador, mantemos contato quase diário – ele projeta soluções de energia solar e de bateria para a nossa comunidade e eu dou ideias e as testo no campo. Esta é uma outra conexão e saída criativa aprimorada pelos meus interesses em eletrônica.

Tive a honra de ser o padrinho de Jim e Ophelia no casamento secreto deles em 1966, pouco antes da formatura em Morehouse College.

Em 1957, a revista Christian Living, uma publicação menonita, fez uma matéria de capa escrita por minha mãe sobre atividades para crianças. Foi ilustrada com fotos da nossa família. Aqui, meu pai está mostrando como usar uma serra tico-tico. No entanto, por ser pastor, estava sempre muito ocupado e não tinha grande habilidade, de modo que meu irmão Ed e eu éramos quem mais usavam a ferramenta. Também tínhamos uma serra de mesa antiga com o mesmo arranjo de motor e polias e sem qualquer proteção de segurança. É um mistério o fato de ainda termos todos os dedos, mas Ed lembra que éramos muito cuidadosos. Acredito que obtive minha primeira licença de radioamador no ano seguinte.

UMA HISTÓRIA SOBRE HOWARD ZEHR

Howard transformou o meu jeito de cortar maçãs.

Gosto de observar como ele corta as fatias de maneira cuidadosa e amorosa, aproveitando cada pedacinho da fruta, exceto o cabo e as sementes, que – é claro – ele coloca na compostagem.

Essa é uma metáfora perfeita de como ele enxerga a experiência humana. Nada é de se jogar fora, nem mesmo uma única parte de qualquer um de nós.

É assim que compreendo a contribuição filosófica de Howard para o mundo, mas, mais importante ainda, é assim que vivencio sua companhia como mentor e amigo. Sinto que todo o meu ser é acolhido incondicionalmente, mesmo aquelas partes que eu gostaria que não existissem.

Isso é uma verdadeira bênção.

— *sujatha baliga, advogada e praticante de Justiça Restaurativa (vencedora da Bolsa MacArthur)*

PARTE IV

Justiça Restaurativa: Uma Visão que nos Orienta e Sustenta

CAPÍTULO 12

Além do crime: uma visão para nos orientar e sustentar

Em 2018, fui convidado a dar as palestras principais nas conferências de Trieste e Pádua, na Itália. A Universidade de Pádua, fundada em 1222, é a universidade em atividade contínua mais antiga do mundo. Diante do meu interesse em relação ao que pode haver em comum entre a revolução científica do século XVII e uma possível mudança em nossa visão de justiça – e dada a importância de Galileu, cientista do século XVII, para a nossa perspectiva moderna –, foi especialmente significativo que parte dos eventos tenha ocorrido na sala de aula que ele utilizava em Pádua. O evento em Trieste antecedeu uma conferência sobre tecnologia, e me pediram que fizesse menção a alguns fatores tecnológicos relevantes para a Justiça Restaurativa.

O ensaio a seguir é uma adaptação daquelas palestras.

No dia 4 de novembro de 1995, às 16h40, Jackie Millar foi atingida na cabeça por um tiro à queima-roupa. Dois rapazes invadiram a casa de um amigo dela, enquanto ela descansava um pouco esperando por ele, que havia saído para trabalhar no plantio de árvores em uma fazenda. Eles pegaram as chaves do carro de Jackie e ainda discutiram sobre qual arma usariam para atirar nela.

"Eu morri", foi o que ela me disse com convicção, "e depois ressuscitei. O Senhor me disse: 'Talvez você possa impedir um jovem de fazer o mesmo se contar sua história [...]'".

Quando a conheci, Jackie estava praticamente cega, tinha a mão direita paralisada, andava com dificuldade e falava lentamente. Mas visitava prisões, conversava com jovens como aqueles que atiraram nela – inclusive com um dos que a atacaram – e praticava a "terapia do abraço".

Ela dizia que Craig – o rapaz que puxou o gatilho – era como um filho para ela. Um preso que se encontrava privado de liberdade há muito tempo contou que a vida dele foi transformada quando ela o abraçou e disse: "Você é um ser humano, e não deixe que ninguém lhe diga o contrário".

Poucos de nós experimentamos um chamado ou uma motivação para melhorar o mundo, para servir os outros, de maneira tão dramática. É possível que muitas pessoas até sintam algum desconforto com a palavra "serviço", mas meu palpite é que quase todos aqueles que trabalham pela paz e pela justiça já experimentaram algum tipo de impulso ou chamado para transformar o mundo num lugar melhor.

A história de Jackie é uma das muitas incluídas no meu livro de fotos/entrevistas, *Transcendig: Reflections of Crime Victims*.

Na primavera de 2017 – 25 anos depois da publicação do livro *Doing Life: Reflections of Men and Women Serving Life Sentences* – fui autorizado a voltar a visitar algumas daquelas pessoas condenadas à prisão perpétua. Fiquei bastante impactado ao constatar que muitas delas se sentiam motivadas a fazer o bem, a encontrar sentido na vida ajudando os outros.

Yvonne Cloud

Yvonne Cloud é uma delas. Tinha uns 20 anos quando a encontrei pela primeira vez e agora estava presa há 34 anos. Entrou na sala com um currículo detalhado nas mãos, pronta para me mostrar o quanto havia mudado ao longo do tempo. Durante esses anos, ela se tornou facilitadora em um programa de álcool e drogas além de ter sido certificada em cuidados paliativos, dentre outras coisas que fazia na prisão. Recentemente, ela obteve a certificação de *Peer Specialist* e passa grande parte do seu tempo conversando com mulheres jovens que foram presas há pouco tempo. [A certificação é concedida a pessoas que passaram por problemas como dependência química e foram treinadas para trabalhar com seus pares que têm problemas semelhantes.]

"Naquela época, eu era um pouco tímida, ainda estava em negação, não queria que ninguém soubesse que eu tinha sido condenada à prisão perpétua, mal queria falar sobre isso, mas uma coisa permaneceu inalterada. Naquela época, eu estava determinada a fazer coisas erradas. Agora, eu ainda tenho a mesma determinação, mas para fazer coisas positivas e retribuir aos outros pelo que me deram graciosamente, e mudar a vida deles para melhor."

"Eu digo às pessoas o tempo todo nos grupos: 'Eu não faço ideia do que vai acontecer no futuro, mas não vou parar de ser positiva e fazer coisas positivas, e ajudar outras pessoas a mudarem suas vidas'. Basicamente, meu lema é: infelizmente, eu tirei uma vida. Agora, o que tento fazer é ajudar a salvar vidas. E ajudar as pessoas a fazerem a diferença em suas vidas."

Craig Datesman

Craig Datesman já estava preso há 35 anos quando nos reconectamos. Durante esses anos, por meio de um programa de diálogo entre vítima e ofensor – uma das práticas de Justiça Restaurativa – teve a oportunidade de se encontrar com um membro da família do homem que ele matou. A experiência foi transformadora para Craig. "Você realmente tem que encontrar sentido na vida", observou. "Eu percebo agora como é importante estar a serviço, como ajudar outras pessoas traz satisfação pessoal."

Harry Twiggs

Harry Twiggs estava preso há 46 anos quando o visitei novamente. Assim como Yvonne, ele tem a certificação de *Peer Specialist*, e passa os dias trabalhando com outros prisioneiros nessa função. "Eu deveria ter morrido mil vezes", ele me disse. "Mas por algum motivo, Deus me manteve por aqui."

"Acredito que somos abençoados com duas vidas. Na primeira, fazemos tudo errado. Cometemos crimes, machucamos pessoas. Mas quando acordamos e nos movemos em direção à nossa segunda vida, podemos aprender com a primeira e enxergar nossos erros. Não apenas podemos ajudar a nós mesmos, mas também outras pessoas. Apenas na manhã de hoje, tive a oportunidade de ajudar em duas ocorrências.

"Eu vejo minha situação aqui dentro como a de Nelson Mandela e seus companheiros em Robben Island. Eles chegaram à conclusão de que a solução estava dentro deles. Então, sentaram-se e conversaram durante 27 anos sobre como desmantelar o apartheid."

Harry se considera um dos responsáveis pelo padrão atual da criminalidade de rua e se sente chamado a lidar com este problema – por enquanto, de dentro da prisão, "acabando com o problema uma pessoa de cada vez" –, mas ele sonha em fazer isso do lado de fora, nas ruas, se sua sentença for comutada pelo governador.

Esta percepção de estar sendo chamado a realizar alguma coisa é algo que foi referido por muitos outros condenados à prisão perpétua, e também por muitos sobreviventes de crimes violentos incluídos em *Transcending*.

Depois desses dois livros de fotos e entrevistas, minha colega Lorraine Stutzman Amstutz e eu fizemos um semelhante com fotos e frases de crianças cujos pais estavam na prisão. Também aparecem em *What Will Happen to Me?* os avôs e avós que cuidam dessas crianças. Eles sacrificaram seus próprios planos e sonhos de aposentadoria para criar seus netos. Isso certamente parece representar uma espécie de chamado para servir.

Em geral escuto o compromisso de estar a serviço dos outros justamente das pessoas que buscam encontrar paz e justiça em suas vidas e além delas. Certamente é uma forma de dar significado à vida e às experiências pessoais, algo tão crucial no mundo de hoje.

A necessidade de uma visão

Estar a serviço dos outros pode ser exaustivo; então é fácil desistir, sentir-se esgotado. Ter o compromisso de transformar o mundo num lugar melhor não basta para nos manter em movimento. Precisamos de uma visão ética que nos guie e sustente.

Para alguns, tal visão vem da religião; para outros, de princípios filosóficos. Para um número crescente de pessoas, a Justiça Restaurativa fornece a visão ética e cultural necessária. Como veremos mais adiante, essa visão pode ser formulada tanto em termos seculares quanto religiosos.

Como indivíduos, precisamos de uma visão ética; mas a questão é muito mais abrangente. O mundo enfrenta uma espécie de crise social/cultural – alguns diriam uma crise espiritual ou moral. Conhecemos bem os problemas.

Nós – pelo menos nos Estados Unidos – somos uma sociedade altamente individualista e materialista que dá mais ênfase aos direitos do que às responsabilidades. Nossa cultura é punitiva e muitas vezes glorifica a violência. Em nossa sociedade altamente polarizada, poucas são as figuras públicas a darem exemplo de integridade, respeito ou diálogo verdadeiro.

Há no mundo uma imensa diversidade religiosa e étnica. Isso pode proporcionar oportunidades valiosas, mas também tem causado cisões políticas e sociais. A necessidade de pertencer é uma necessidade humana fundamental. Em meio a circunstâncias ameaçadoras e incertas, tendemos a nos recolher em nossos clãs e a ver os outros como inimigos.

O racismo é profundo e generalizado, assumindo formas diferentes em lugares variados. Em parte representa uma forma não saudável de encontrar um senso de pertencimento e de definir os grupos sociais.

A divisão entre "os que têm recursos" e "os que não têm" é dramática e crescente, pelo menos nos Estados Unidos. A visibilidade dessa divisão na mídia e na internet resulta em uma intensificação daquilo que às vezes se denomina de "privação relativa". A consciência de uma carência que emerge da comparação com os outros cria uma situação altamente instável, alimentando o crime, a revolta, e até mesmo o chamado terrorismo.

A privação relativa é um dos muitos fatores que contribuem para os sentimentos de vergonha e humilhação. James Gilligan e outros argumentam que a vergonha é uma (talvez a mais importante) causa primária da violência, desde a violência doméstica até a repressão política e os crimes de ódio. De acordo com Gilligan em seu livro *Violence: A National Epidemic*, a vergonha está no cerne da transformação da injustiça estrutural em violência estrutural.

Existe hoje uma crescente consciência acerca da amplitude do trauma, da forma como ele contribui para o dano e a violência, e de como o trauma é transmitido aos outros. Como dizemos nos treinamentos STAR – Strategie for Trauma Awareness and Resiliency [Estratégias para conscientização e resiliência em relação ao trauma], que integram o programa da Eastern Mennonite University: "O trauma que não é transformado é transferido". O trauma que não é trabalhado é reencenado nas vidas daqueles imediatamente afetados, mas também nas vidas daqueles ao seu redor, inclusive suas famílias e até mesmo as futuras gerações.

E depois, é claro, está o descaso diante do que estamos – nós, seres humanos – fazendo com o meio ambiente.

No campo da tecnologia, o tempo em que vivemos é estimulante: hoje são possíveis coisas que nós, os mais velhos, jamais teríamos sequer sonhado; a inovação é constante e promete todo tipo de possibilidades. Sou entusiasta de tecnologia e realmente aprecio demais isso tudo.

Celulares, internet e produtos eletrônicos baratos estão fazendo com que muitas pessoas marginalizadas tenham acesso à tecnologia. Isso possibilita que contem suas histórias, que se conectem com quem tem interesses semelhantes, que consigam causar um impacto direto nos acontecimentos.

Mas muitos estão ainda excluídos. A visibilidade dos "que têm recursos" aumenta a alienação, o sentido de privação relativa e os sentimentos de vergonha dos "que não têm". O anonimato da internet reduz os fatores que incentivam a empatia, possibilitando que nos expressemos e nos comportemos de uma maneira que não faríamos pessoalmente.

A manipulação da mídia e da internet está afetando negativamente a política, contribuindo para a polarização e enfraquecendo a democracia.

Em suma, enquanto contribuem para a conexão de alguns, essas forças também estão incentivando a desconexão e a despersonalização. Forças poderosas estão desencorajando a empatia e incentivando a *"outrificação"*, ressaltando como os outros são diferentes de nós. A violência contra os outros se torna mais fácil quando *"outrificamos"* as pessoas, transformando-as em nossos inimigos. Tudo isso contribui para formas não saudáveis de buscar um sentido de pertencimento.

Albert Einstein tem uma frase famosa: "Não podemos resolver problemas usando o mesmo tipo de pensamento que usamos para criá-los". O que é necessário, eu enfatizaria, é uma reavaliação profunda dos nossos valores e pressupostos; uma reavaliação não apenas acerca da justiça, mas da vida em geral. Precisamos de uma nova "lente" – uma visão cultural e ética, se quiserem – que possa abraçar algumas das nossas diferenças.

Nossa interconexão

Uma nova lente, a favor da vida, exige uma abordagem que:
- favoreça a compaixão e a colaboração mais que a competição;
- enfatize a responsabilidade, assim como os direitos;
- incentive o respeito e a dignidade em vez de promover a vergonha e a humilhação;
- promova a empatia e desestimule a *"outrificação"*;
- reconheça a sutileza e o poder do trauma e a importância da cura do trauma; e
- nos lembre que, como seres humanos, não somos indivíduos isolados, mas estamos interconectados uns com os outros.

A Justiça Restaurativa oferece um exemplo de visão ética ou bússola que aponta nessa direção. Ela também fornece algumas práticas que podem nos ajudar a viver essa visão.

A Justiça Restaurativa pode ou não ser "A" visão, mas talvez possa, ao menos, ser um catalisador. É, no mínimo, um convite para que reexaminemos nossas suposições, para fazermos um balanço, começarmos uma conversa. Ela também pode ser vista como parte de um esforço maior de construção da cultura de paz; um enfoque sobre a justiça compatível com a cultura de paz.

O conceito de Justiça Restaurativa tem raízes e ressonância em muitas tradições indígenas, culturais e religiosas. Ele se conecta a essas tradições, às vezes ajudando a legitimá-las, mas não está necessariamente enraizado em nenhuma delas de modo específico.

A Justiça Restaurativa surgiu, no campo da prática, como uma tentativa de dar uma resposta ao crime, mas hoje sua aplicação expandiu-se para muitas outras áreas. Ela é cada vez mais frequente na educação e está ajudando a reformular as práticas de resolução de conflitos. Está sendo também aplicada para se lidar com as injustiças históricas, como o legado da escravidão nos EUA.

Em resumo, a Justiça Restaurativa é essencialmente uma abordagem da justiça baseada nos relacionamentos e nas necessidades. Concentra-se na reparação do dano e na promoção da responsabilidade, tendo como estratégia o favorecimento do diálogo e do consenso. A JR é uma diretriz baseada em valores, com foco no respeito, na responsabilidade e nos relacionamentos.

> Um exemplo de aplicação da JR a injustiças históricas é contado no livro *Cousins: Connected through slavery, a Black woman and a White woman discover their past— and each other*, escrito por Betty Kilby Baldwin & Phoebe Kilby. O jornal *The Baltimore Sun* chamou o livro "de uma poderosa reconciliação racial entre duas mulheres"

O propósito da Justiça Restaurativa

O propósito geral da Justiça Restaurativa é promover o bem-estar tanto de cada pessoa individualmente como das relações – ajudar a criar indivíduos e comunidades mais saudáveis.

A Justiça Restaurativa muda as perguntas – ou o foco das perguntas – que fazemos sobre comportamentos danosos. Em vez de preocupar-se em identificar quais leis foram descumpridas, quem foi o autor da infração e qual é a punição que ele merece, a Justiça Restaurativa faz perguntas desse tipo:

1. Quem foi prejudicado? (O dano pode atingir indivíduos, comunidades e/ou relacionamentos.)
2. Quais são suas necessidades?
3. A quem cabe atender a essas necessidades?
4. O que causou isso?
5. Quem foi afetado ou tem algum interesse no que aconteceu?
6. Qual é o processo capaz de envolvê-los na resolução do problema e evitar danos futuros?

Tais perguntas podem ser usadas para orientar a resposta que será dada ao fato danoso, mesmo quando nenhum programa de Justiça Restaurativa esteja disponível. Parece evidente que tais princípios e valores nos estimulam a adotar uma orientação restaurativa nos vários aspectos da vida.

Práticas de Justiça Restaurativa

Diversas práticas de Justiça Restaurativa podem ajudar a demonstrar e implementar tais princípios e valores. Por exemplo, os diálogos entre vítima e ofensor, ou conferências de grupo familiar originadas na Nova Zelândia, proporcionam um espaço seguro onde é possível dialogar sobre o que aconteceu e o que deve ser feito a respeito. Essas práticas são amplamente utilizadas, não apenas em conjunto com o sistema legal, mas também em escolas, famílias e nos ambientes de trabalho.

Os processos circulares, denominados também círculos de construção de paz, constituem talvez a mais poderosa abordagem baseada em tais valores, sendo universalmente aplicados; são empregados em inúmeras situações além daquelas nas quais há um dano concreto e parecem estar conectados a diversas tradições indígenas. De fato, tais práticas entraram no campo da Justiça Restaurativa a partir da comunidade aborígine do Canadá. Kay Pranis, divulgadora e instrutora de processos circulares, considera-os uma ferramenta prática para se construir um senso de comunidade e alcançar mudanças sociais positivas.

O mecanismo é simples. Os participantes se sentam em círculo sem que haja uma mesa entre eles. Uma ou duas pessoas, frequentemente chamadas de guardiãs do círculo, facilitam o processo. Um bastão de fala (ou objeto de fala) é utilizado para regular o uso da palavra. Ele vai circulando em uma direção, e apenas a pessoa que está segurando o bastão está autorizada a falar, sendo que pode passá-lo adiante se quiser. Assim, ninguém é interrompido, e todos têm a chance de falar se desejarem. O uso do bastão favorece a desaceleração e impede que as pessoas falem ao mesmo tempo.

> Cerca de um ano após o julgamento de Timothy McVeigh pelo atentado à bomba em Oklahoma - EUA, Tammy Krause e eu facilitamos um pequeno círculo que reuniu alguns dos advogados de defesa e alguns dos sobreviventes que haviam sido testemunhas de acusação. Foi um processo poderoso, na medida em que cada um dos dois "lados" pôde conhecer e entender melhor as perspectivas do outro.

Geralmente, há uma rodada inicial na qual os participantes falam dos valores que querem trazer para o círculo. O foco está em criar relacionamentos antes de abordar o tema que vai ser especificamente trabalhado.

O círculo é estruturado para incluir todas as vozes, tratar todos com dignidade, construir conexões e honrar cada participante como pertencente ao todo. O círculo nos desacelera e cria espaço para uma escuta profunda, permitindo que ouçamos nossas próprias vozes interiores enquanto ouvimos as vozes dos outros. Isso, por sua vez, proporciona oportunidade para empatia, reconexão, expressão da verdade e cura.

Kay enxerga o círculo como uma maneira de construir comunidade e, além disso, uma forma de democracia radical e participativa. A ameaça à sociedade moderna, segundo ela, não é a falta de habilidades matemáticas, científicas ou tecnológicas; ao contrário, é a falta de habilidades e oportunidades para estarmos juntos e construir uma cultura de paz.

A Justiça Restaurativa, portanto, não trata apenas de apresentar uma resposta ao crime e aos danos causados. É uma maneira de encarar a vida.

Uma abordagem para todos os aspectos da vida?

Quando as pessoas sugeriram pela primeira vez que a Justiça Restaurativa seria na verdade "um modo de vida", pensei: como uma abordagem projetada para lidar com as deficiências do sistema de justiça criminal pode ser tão grandiosa? Então percebi que tanto a ampla visão como os valores e princípios da Justiça Restaurativa permeiam todos os aspectos da vida.

Sistemas jurídicos são concebidos para indicar a forma como devemos viver em sociedade, mas apenas definem o comportamento mínimo permitido. E, em geral, estabelecem os limites ameaçando infligir um mal aos que causam um mal.

A Justiça Restaurativa oferece, por outro lado, uma visão moral mais abrangente da forma como devemos viver uns com os outros, sendo que os valores de que precisamos estão incorporados em seu próprio conceito. É uma visão que reconhece nossas inter-relações e fornece valores e princípios capazes de mantê-las e repará-las. (Ver o próximo capítulo: "Dez Maneiras de Viver Restaurativamente".)

Uma bússola, não um manual de instruções

A Justiça Restaurativa não é um manual de instruções a ser rigorosamente seguido, uma vez que as práticas, e até mesmo os conceitos, devem sempre se adequar aos contextos. A Justiça Restaurativa tem sido vivida e aplicada há várias décadas e existem ainda muitas perguntas.

Talvez seja melhor pensar a Justiça Restaurativa como uma bússola que aponta uma direção e nos convida a questionar e explorar nossos valores, nossas necessidades, nossas tradições e visões.

Muitos daqueles que pesquisam e escrevem sobre a Justiça Restaurativa no ambiente acadêmico são cientistas sociais. A ciência tem um papel importante nesse campo, mas a arte também tem. A Justiça Restaurativa, assim como a inovação científica, envolve uma mistura de ciência e arte.

Não por acaso, muitos dos desenvolvedores que trouxeram inovações para o campo da computação e da internet não eram apenas cientistas, mas também artistas, músicos, pintores, poetas. Da mesma forma, os pioneiros da Justiça Restaurativa basearam-se em seus instintos criativos. É esse talento artístico que permite que a Justiça Restaurativa prospere e seja adaptada a diversos ambientes e personalidades.

Embora a Justiça Restaurativa precise da ciência, penso também ser importante observar aqueles que buscam realizá-la como artistas. Minha conclusão é esta: sugiro que olhemos a nossa vocação para o serviço, as nossas vidas, o nosso trabalho pela justiça com os olhos de um artista.

Steven Meyers escreve sobre a perspectiva do artista em seu livro *On Seeing Nature*. Ele fala sobre *a arte de ver*, mas isso se aplica igualmente à arte de viver e de fazer justiça. Meyers diz que "[...] o conhecimento de alguém nunca deve superar a sua capacidade de se maravilhar. Enquanto houver admiração, é possível ver", e acrescenta: "Ver é, em parte, o processo de substituir nossa arrogância por humildade". Ou, reformulando: viver com justiça é, em parte, o processo de substituir nossa arrogância por humildade.

"A visão começa com respeito", diz Meyers, "mas o maravilhamento é o combustível que sustenta a visão".

Dois valores essenciais

Quero concluir enfatizando mais uma vez dois valores que se tornaram muito importantes para mim.

O primeiro é a humildade. Costumamos pensar na humildade como a atitude de não nos colocarmos à frente dos demais ou de não recebermos créditos por algo que fizemos. Mas estou pensando em humildade como um profundo reconhecimento dos limites daquilo que "sabemos". O que sabemos (as nossas "verdades") é inevitavelmente afetado por quem somos: nosso gênero, nossa raça e etnia, nossas experiências, nossas biografias. Por esse motivo, é preciso muita cautela para não estendermos nossas "verdades" a outras pessoas e situações. Por esse motivo devemos estar dispostos a ouvir os outros, apreciar e estar abertos às suas realidades. Somente assim poderemos viver juntos de maneira restaurativa. A escuta empática ou compassiva e o diálogo respeitoso são essenciais.

O segundo valor é o maravilhamento ou admiração. A educação e o aprendizado ocidentais foram profundamente moldados pelo filósofo Descartes. Descartes aplicava o ceticismo como método: estava determinado a duvidar de tudo, exceto do que fosse verdadeiramente indubitável. Como já disse muitas vezes, tive a sorte de ter, em uma das primeiras aulas de filosofia, um professor que, reconhecendo este ponto, nos alertou dizendo que a nossa principal abordagem para estudar a história da filosofia não seria o ceticismo, mas sim o maravilhamento.

Em seu livro *My Story Told as Water*, David James Duncan diz: "O maravilhamento é o desconhecido experimentado como prazer".

Na Justiça Restaurativa, se estivermos abertos, iremos experimentar este tipo de prazer. Afinal, há tantas coisas que não sabemos, há tantas para descobrir.

Vou concluir com uma história que, para mim, ilustra esse tipo de maravilhamento e mostra como os princípios e as perguntas da Justiça Restaurativa podem servir de modelo, mesmo na ausência de um programa oficial. Viver dessa maneira pode ser uma escolha.

Em 1994, Fred Van Liew, promotor chefe da região de Polk, Iowa, EUA, leu um relatório policial perturbador. Uma sinagoga local tinha sido depredada e coberta com pichações neonazistas. Um rapaz de 18 anos e sua namorada de 17 foram presos e acusados da prática do crime.

Fred dizia ter sofrido "danos irremediáveis" ao ler um dos meus primeiros livros sobre Justiça Restaurativa, *Trocando as lentes*. Por isso, não conseguia mais ver as coisas dentro do sistema de justiça criminal da maneira como fora treinado para vê-las. Ele poderia simplesmente ter processado aquelas duas pessoas por crime de ódio, mas, em vez disso, começou a formular as perguntas da Justiça Restaurativa.

Fred se encontrou com líderes e membros da sinagoga, alguns dos quais eram sobreviventes do Holocausto. Estavam com raiva, com medo, traumatizados. Quando Fred sugeriu um processo circular, muitos se mostraram reticentes, mas decidiram participar.

Foi um processo difícil e tocante. Membros da sinagoga puderam falar sobre como o ato de vandalismo os afetara. Por sua vez, ouviram dos infratores suas histórias de dor, perda e alienação, e também da experiência de pertencimento que tiveram quando passaram a integrar um grupo de supremacia branca.

Por fim, os membros da sinagoga e os dois jovens chegaram a um acordo. Os infratores prestariam 200 horas de trabalho para a sinagoga; estudariam a história judaica e o Holocausto sob orientação deles; concluiriam o ensino médio e arranjariam empregos. Eles fizeram tudo isso, casaram-se e tiveram um filho. O rabino e outros membros foram convidados para a cerimônia, à qual compareceram e levaram presentes. Cinco anos depois, em uma conferência, o rabino, contendo as lágrimas, falou sobre sua amizade com os dois jovens.

Este é um exemplo de como trazer a estrutura da Justiça Restaurativa para um terreno inexplorado, o que foi possível graças à disposição de Fred e da sinagoga de serem criativos e assumirem riscos. Definitivamente, é uma história que me traz um sentimento de maravilhamento e admiração.

No último capítulo de *Trocando as lentes*, lançado pela primeira vez em 1990, descrevi a Justiça Restaurativa como "o destino incerto de uma jornada necessariamente longa e sinuosa". Hoje, mais de três décadas depois, posso afirmar com convicção que, embora existam muitas curvas, muitos desvios e saídas erradas, a estrada e seu destino não são mais incertos como antes.

Acredito que se partimos para esta jornada com respeito e humildade, com uma atitude de maravilhamento, ela pode nos conduzir ao mundo que desejamos para nossos filhos e netos.

• • • • • • • • • • •

Surpreendo-me frequentemente ao receber depoimentos sobre como a Justiça Restaurativa afetou – e até transformou – vidas. Várias pessoas, de fato, me disseram que alteraram suas trajetórias profissionais depois de lerem meus livros. É uma responsabilidade assustadora!

A mudança vem, às vezes, da filosofia da Justiça Restaurativa – da "lente" que reorienta as pessoas ou afirma seus valores básicos. Outras vezes, da esperança que a JR oferece. Em uma ocasião, por exemplo, escutei juízes e advogados dizerem que ela representa uma alternativa de esperança ao seu próprio cinismo, e isso os revitaliza no exercício de suas funções. Certa vez recebi de um juiz aposentado – que se tornara ceramista – um cartão-postal sobre um dos meus livros. "Este é um livro do mal", escreveu ele. O que era maligno, explicou, é que, por estar tão envolvido com as ideias do livro, sua produção de cerâmica foi prejudicada.

• • • • • • • • • • •

É o que, às vezes, as pessoas experimentaram por meio dos processos de JR.

Durante uma conferência, uma jovem se aproximou e disse: "Quero que você saiba o que a JR significou para a nossa família". Eles tinham sido vítimas de um crime grave, disse ela, que afetara especialmente seu pai. A conferência vítima-ofensor proporcionou alguma cura para a família, e posteriormente seu pai decidiu ser treinado como facilitador voluntário para o programa. Um dia, na cidade, seu pai encontrou a pessoa que os havia agredido, e ele imediatamente falou sobre como aquele encontro tinha mudado sua própria vida.

"Agora", disse a jovem, "esta é a minha vida", explicando que planejava fazer o treinamento para trabalhar na área da JR.

Em um dos primeiros programas de JR, um senhor mais velho participou do treinamento para se tornar um facilitador voluntário de diálogo vítima-ofensor, mas nunca tinha facilitado um caso. Certo dia, o pessoal do programa recebeu uma ligação da filha dele, que lhes disse: "Eu sei que papai nunca facilitou nenhum caso para vocês, mas quero que saibam como o treinamento afetou nossa família. Estávamos afastados; não celebrávamos o Dia de Ação de Graças nem o Natal. Depois que papai fez o treinamento, entrou em contato com todos nós e disse: Precisamos de um VORP [encontro vítima-ofensor na sigla em inglês]. Fizemos isso e agora passamos os feriados juntos".

• • • • • • • • • •

Como seria se trouxéssemos a visão da Justiça Restaurativa para as questões urgentes do nosso tempo? Por exemplo, para as questões do racismo sistêmico explicitado pelo assassinato de George Floyd e outros e pelo movimento Black Lives Matter? Ou para as injustiças cometidas contra os povos indígenas da América do Norte e de todo o mundo?

Costumava começar meu curso de Justiça Restaurativa pedindo aos participantes que adotassem a "mente de principiante" do budismo Zen, ou seja, que tivessem uma atitude de abertura e que temporariamente deixassem de lado seus preconceitos. Qual seria a diferença se olhássemos para tais questões adotando essa atitude? Que respostas criativas poderíamos imaginar?

CAPÍTULO 13

Dez maneiras de viver restaurativamente

*E*SCREVI *ao longo dos anos – por vezes em colaboração com colegas – algumas dicas, orientações, que funcionam como um guia simplificado para a aplicação dos princípios da Justiça Restaurativa ao se trabalhar, por exemplo, com quem causou ou sofreu um dano. Os dez itens arrolados abaixo apareceram pela primeira vez no meu blog, mas foram adaptados desde então a vários outros formatos.*

Cada vez mais – para mim e para outras pessoas – a Justiça Restaurativa vai deixando de ser algo que diz respeito apenas ao crime ou ao modo de lidar com os problemas, e passa a ser uma forma de encarar a vida e a convivência. Trata-se de levar para casa aquilo que praticamos no trabalho. Fico entusiasmado com os depoimentos de tantas pessoas que dizem ter encontrado variadas maneiras de aplicar a JR nas questões cotidianas.

Quando mulheres que cumprem pena de prisão perpétua em Muncy na Pensilvânia, EUA, me contam que costumam perguntar umas às outras se "Isso está de acordo com a JR?", como forma de se manterem conscientes de suas responsabilidades, percebo que a Justiça Restaurativa é muito mais do que uma técnica. Diz respeito a valores e responsabilidades.

Com base nisso, seguem as minhas sugestões de "Dez Maneiras de Viver Restaurativamente":

1. Leve os relacionamentos a sério, imaginando que você faz parte de uma teia em que as pessoas, as instituições e o meio ambiente estão interconectados.

2. Tente se manter consciente do impacto – potencial e real – das suas ações sobre os outros e sobre o meio ambiente.

3. Quando suas ações afetarem alguém negativamente, assuma a responsabilidade reconhecendo o dano causado e buscando repará-lo – faça isso mesmo quando for possível se esquivar ou dizer que não foi você.

4. Trate todas as pessoas com respeito, mesmo aquelas que você não espera encontrar de novo, mesmo aquelas que você acha que não merecem, mesmo aquelas que causaram danos ou fizeram algum mal a você ou a alguém.

5. Sempre que possível, traga para o processo de tomada de decisão todas as pessoas que por ela serão afetadas.

6. Veja os conflitos e os danos em sua vida como oportunidades.

7. Escute os outros profundamente e com compaixão, buscando compreendê-los mesmo que não concorde com eles. (Se estiver discordando de alguém, pense na pessoa que você almeja ser ao invés de só pensar em ter razão.)

8. Participe do diálogo, mesmo que coisas difíceis estejam sendo ditas. Mantenha-se aberto para aprender com os outros e com o próprio encontro.

9. Tenha cautela para não impor suas "verdades" e pontos de vista sobre outras pessoas e situações.

10. Enfrente com sensibilidade as injustiças cotidianas, inclusive o sexismo, o racismo e a discriminação por classe social.

CAPÍTULO 14

Precisamos de mais prisões?

Não sei se alguém já imaginou como realmente seria um sistema de justiça de orientação restaurativa. O sistema de justiça juvenil da Nova Zelândia (brevemente descrito no próximo capítulo) sugere algumas possibilidades. No entanto, neste ensaio – escrito originalmente para o Mennonite World Review – sugeri que um ponto de partida importante é a abordagem de alguns problemas fundamentais.

Minha cidade, Harrisonburg, Virgínia, EUA, como muitas outras, enfrenta uma crise de superpopulação carcerária. Este não é um problema novo. Muitas localidades já lidavam com essa questão nas décadas de 1970 e 1980, quando comecei a trabalhar no sistema de justiça criminal. Hoje as taxas de encarceramento são muito mais altas do que eram naquela época e os Estados Unidos ainda ocupam o topo do ranking.

Aprendi duas coisas fundamentais ao longo desses anos:

Em primeiro lugar, que o nosso sistema prisional opera basicamente em razão da sua capacidade. Qualquer vaga disponível será preenchida.

Lembro-me de pesquisas prevendo que, se uma nova prisão fosse construída, ela estaria totalmente ocupada em dois ou três anos e superlotada em cinco. Para citar uma passagem do filme *Field of Dreams* [*Campo dos Sonhos*], "se você construir, eles virão".

Em segundo lugar, aprendi que as penas alternativas não reduzem a população carcerária. A oferta de programas adicionais pode ser positiva, mas não é suficiente para reduzir o encarceramento. Na verdade o que esses programas conseguem fazer é expandir a capacidade do sistema, que passa a alcançar mais pessoas.

O que é fundamental para a população carcerária é a natureza e a estrutura do processo de tomada de decisões dentro do sistema. Para levarmos a sério a questão, devemos analisar o seguinte:

1. Quem toma as decisões mais importantes sobre ordens de prisão, acusações, acordos de pena, opções de sentença? Um ponto de partida seria um fluxograma do sistema de justiça identificando cada uma dessas etapas e os responsáveis pelas decisões.

2. Até que ponto a pessoa que decide presta conta de seus atos, e para quem? Ela é obrigada a levar em consideração a capacidade do sistema em suas decisões? Existe algo que a incentive a fazer isso?

3. Quais são os objetivos de suas decisões? O que esperam alcançar as pessoas que as tomam? O que nós esperamos? Se nosso objetivo for principalmente retirar os infratores do convívio social e puni-los, garantir que irão receber aquilo que "merecem", então nossas prisões ficarão cheias e as necessidades das vítimas continuarão sendo negligenciadas.

Uma cidade no oeste do Estado de Nova York ilustra o que pode acontecer quando fazemos essas perguntas. Diante de uma crise no sistema prisional, a comunidade adotou uma abordagem criativa que resultou na redução na população carcerária.

No início dos anos 1980, a cidade de Genesee enfrentava um sério problema de falta de vagas. Enquanto alguns propunham a construção de uma nova prisão, um dos candidatos a Chefe de Polícia, Doug Call, dizia que a cidade não precisava de um novo estabelecimento prisional. Ele venceu a eleição e introduziu programas, incluindo um método de avaliação de resultados centrado nas vítimas. O novo processo responsabilizava os infratores de modo mais direto e envolvia todos aqueles que tomavam decisões ou tinham algum tipo de interesse – acusação, defesa, vítimas e até os próprios infratores – numa abordagem colaborativa. Até onde eu sei, uma nova prisão não foi construída e a cidade passou a alugar as vagas ociosas para os municípios vizinhos.

O que quero dizer é que, seja qual for o nosso conceito de justiça, a única maneira de avançarmos é fazer com que os processos de tomada de decisão sejam mais claros e transparentes e que estejam sujeitos a responsabilização. Acima de tudo, enquanto sociedade, precisamos conversar mais sobre o que queremos alcançar com a justiça e qual é a melhor maneira de atingirmos esses objetivos.

Talvez a crise do sistema carcerário seja uma oportunidade para explorar essas questões.

• • • • • • • • •

Embora haja vários espaços no sistema de justiça criminal norte-americano nos quais as três perguntas acima são importantes, o ministério público tem uma relevância particular. Vários analistas confirmam que os promotores exercem um poder tremendo em nossas comunidades. E como em geral são eleitos pela população tanto no nível estadual como no municipal, isso faz com que o sistema de justiça nos EUA seja, dentre os países ocidentais, o que tem a mais forte orientação política. Isso apresenta um desafio significativo, mas – talvez – também uma oportunidade.

No Brasil, juízes e promotores estão entre os principais defensores de uma Justiça Restaurativa orientada para a comunidade. Nesta foto, eu e meu então colega Carl Stauffer estamos fazendo uma apresentação para um grupo de juízes do Nepal que visitavam nosso programa.

A história do ex-promotor Fred Van Liew relatada no capítulo 12 é um exemplo do que é possível, mas é igualmente um alerta. As acusações diminuíram significativamente devido a várias escolhas que fez enquanto estava no cargo, mas conforme relata quando o promotor que o substituiu voltou às práticas antigas, as acusações aumentaram drasticamente. As transformações efetivas não podem depender apenas de indivíduos, mas precisam ser sistematizadas e estar enraizadas na comunidade.

Em vários países, as comunidades que estão buscando se tornar "Cidades Restaurativas" talvez sugiram um modo de avançar. A experiência da Nova Zelândia, descrita brevemente no próximo capítulo, é outro exemplo.

CAPÍTULO 15

O inovador sistema de justiça juvenil da Nova Zelândia

*T*IVE o privilégio de visitar e trabalhar na Nova Zelândia em várias oportunidades e, quando convidado pela revista New Zealand Inspired para escrever sobre tais experiências, escolhi falar sobre o inspirador sistema de justiça juvenil daquele país.

Tal sistema (brevemente descrito abaixo) embora longe de ser perfeito indica a possibilidade de integração entre a abordagem restaurativa e o sistema judicial moderno. A organização Impact Justice aqui nos Estados Unidos adaptou em algumas comunidades o modelo neozelandês com o objetivo de manter os jovens afastados do sistema de justiça criminal.

Confesso que amo a Nova Zelândia, é verdade. Se não fosse por meus netos que moram aqui nos Estados Unidos, cogitaria mudar-me para Aotearoa. A paisagem é deslumbrante, as pessoas e a cultura são acolhedoras, e você pode tomar um bom café expresso praticamente em qualquer lugar. E há um fator decisivo: a Nova Zelândia é o único país do mundo ocidental em que a Justiça Restaurativa é o cerne do sistema de justiça juvenil. Visitei o país em várias ocasiões, inclusive como especialista sênior do Programa Fulbright do novo Centro de Justiça Restaurativa da Auckland University of Technology, e aproveitaria qualquer oportunidade para voltar outra vez.

Na década de 1980, a Nova Zelândia enfrentava problemas comuns à maioria dos países ocidentais: altas taxas de encarceramento de jovens e adultos, desproporção racial da população carcerária (com minorias sobrerrepresentadas) e acusações de racismo institucional por parte da comunidade indígena maori.

Após ouvir manifestações de várias comunidades, a resposta do Parlamento foi a promulgação da Children, Young Persons, and Their Families Act [Lei das crianças, jovens e suas famílias], de 1989. Eles não conheciam o movimento da Justiça Restaurativa e ainda assim criaram o primeiro sistema legal ocidental em que a Justiça Restaurativa constitui a principal forma de intervenção, os tribunais permanecendo como uma possibilidade subsidiária. Posteriormente o contato com o campo da Justiça Restaurativa ajudou a aprimorar o sistema dando mais ênfase, por exemplo, às necessidades e aos papéis das vítimas.

A lei neozelandesa reconhece aquilo que a maioria dos criminólogos já sabe: se rotulamos os jovens como infratores é provável que eles de fato se tornem infratores. Assim, a polícia é orientada a liberar os jovens que cometem infrações de pouca gravidade depois de aplicar uma advertência ou de realizar alguma intervenção mínima.

Os crimes mais graves em sua maioria devem ser encaminhados para uma conferência de grupo familiar (FGC na sigla em inglês – *Family Group Conference*), envolvendo o jovem e seus pais, a vítima e seu grupo de apoio, a polícia, alguém que desempenhe o papel de defensor do jovem e, às vezes, outros participantes. Este grupo é encarregado de decidir por consenso o desfecho do caso, inclusive o tipo de compensação adequada para a vítima.

A seu turno o tribunal juvenil intervém tanto nos casos em que não há admissão de culpa como nos de homicídio – doloso ou culposo –, mas mesmo nessas situações é sempre possível o encaminhamento para uma CGF após a sentença. A ideia é brilhante e, quando praticada de maneira adequada, é também altamente eficaz. Reduziu, por exemplo, de forma drástica, as taxas de detenção.

Mas nada é perfeito no mundo real. O sistema ainda possui algumas falhas e sua implementação ocorre de maneira desigual em várias partes do país. E embora tenham surgido algumas tentativas de aplicar a Justiça Restaurativa no sistema de justiça criminal de adultos, seu impacto neste campo ainda é bastante periférico. É um paradoxo, na verdade, que um país, cujo sistema de justiça juvenil é tão inspirador, possua [na época em que este texto foi escrito] uma das maiores taxas de encarceramento de adultos do mundo.

O sistema de justiça juvenil da Nova Zelândia é um importante farol para o resto do mundo. "Não o estraguem", disse eu aos praticantes de JR em uma recente visita. "Se o fizerem, estragam para todos nós. O mundo está observando vocês." "Esta é uma responsabilidade enorme", respondeu o Juiz da Infância e Juventude, Andrew Beecroft.

Os neozelandeses não possuíam um mapa para orientá--los neste trabalho pioneiro. Graças a eles passamos a dispor de um. Por isso podemos ter alguma ideia a respeito de quais rotas serão bem-sucedidas e também sobre alguns dos perigos que podem surgir ao longo do caminho. A responsabilidade, portanto, não é apenas deles. Estamos observando-os, mas – oxalá – estamos também aprendendo com eles.

• • • • • • • • • •

Gosto de depoimentos espontâneos. Certa vez, na Nova Zelândia, quando o Juiz Fred McElrea e eu estávamos nos aprontando para uma entrevista na TV, a mulher que nos maquiava perguntou por que estávamos lá. Quando dissemos, ela nos relatou que seu irmão tinha se metido em problemas e que as coisas foram resolvidas por meio de uma conferência de grupo familiar.

Por ocasião da criação desse sistema juvenil, a Nova Zelândia não conhecia a Justiça Restaurativa. No entanto, graças especialmente à perspectiva maori, já incluía muitos elementos restaurativos. Quando o Juiz McElrea, Chris Marshall e outros descobriram a Justiça Restaurativa e a apresentaram naquele país, isso serviu para aperfeiçoar o sistema, dando, por exemplo, um papel mais central às vítimas.

As respostas às perguntas formuladas no capítulo anterior foram institucionalizadas na Nova Zelândia por meio da lei que estabeleceu os princípios básicos. Alan MacRae, uma liderança na prática das conferências de grupo familiar com quem escrevi o livro Conferências de Grupos Familiares – modelo da Nova Zelândia, *costumava dizer que os praticantes não precisam de muitas regras ou diretrizes: basta que mantenham os princípios básicos no bolso e os consultem com frequência. Aprendi com Alan a apreciar a "prática dos princípios" – uma prática fundamentada em princípios e não* numa obediência servil às regras, aos procedimentos ou aos modelos específicos.

Pescando com Alan MacRae (abaixo),
South Island, Nova Zelândia, 2002

• • • • • • • • • •

Quando o assunto é café, considero-me um pouco geek. Torro meus grãos e preparo o café em uma máquina equipada com um microcontrole que regula a temperatura com precisão. Quando fui convidado, em 1994, para visitar o país pela primeira vez, predominava na Nova Zelândia a cultura do chá que, ao longo dos anos, transformou-se na cultura de um café da melhor qualidade. Ristretto é um expresso curto excelente, muito concentrado, raro nos Estados Unidos. O da foto – tirada em uma cafeteria perto de Wellington – foi provavelmente o melhor que experimentei em toda minha vida.

Isso me lembra da minha primeira visita ao Brasil, em 2008. A pessoa que foi me buscar no aeroporto perguntou o que eu gostaria de fazer, pois teríamos um bom tempo livre. Imaginava, talvez, que eu quisesse visitar alguma praia. Respondi que gostaria de saber o que os fotógrafos brasileiros andavam fazendo e contei a ela que sou apaixonado por café. Ela riu: sua mãe era uma fotógrafa conhecida e a família possuía uma fazenda de café. Prontamente, levou-me para conhecer a mãe e passei as últimas 24 horas da viagem na fazenda de café da família.

Fazenda de café Astro, Brasil

• • • • • • • • •

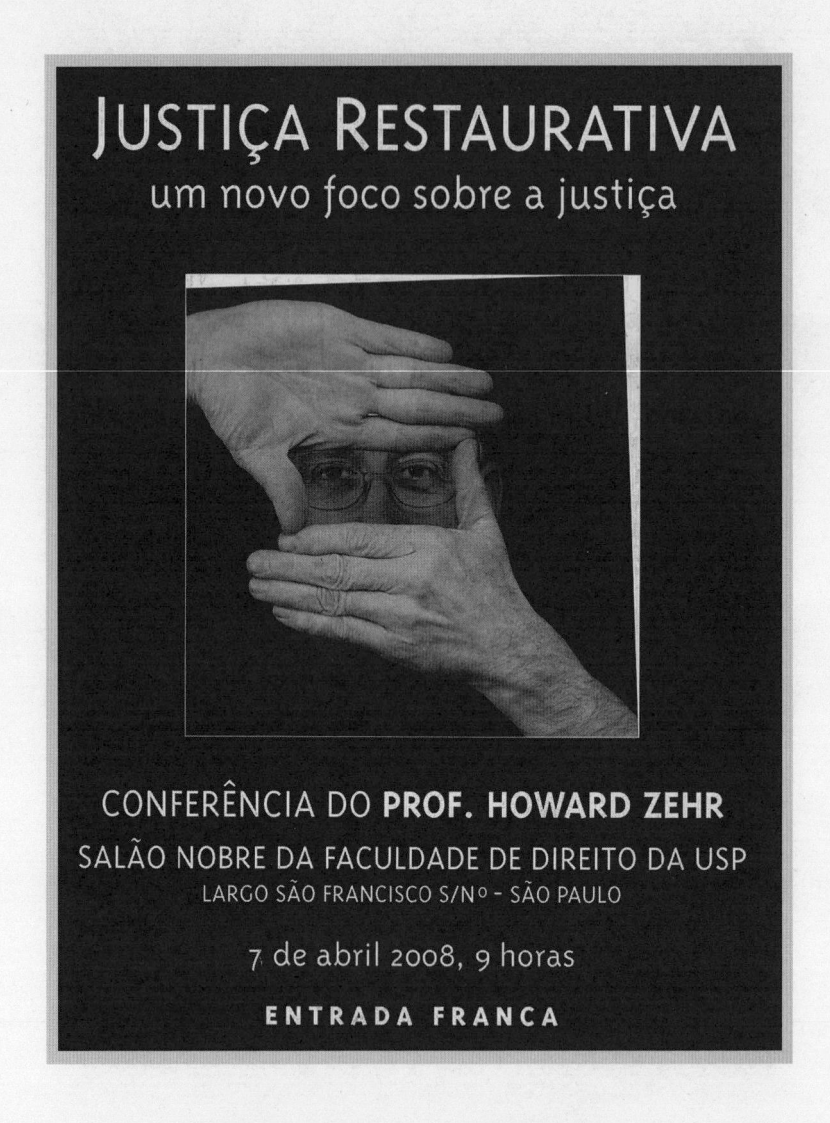

A visita de 2008 ocorreu em conjunto com o lançamento da edição em português do meu livro Trocando as lentes, publicado pela Palas Athena. Acima, o cartaz do evento.

O salão nobre da Faculdade de Direito em São Paulo foi um dos locais em que proferi palestras durante minha última visita ao Brasil, em 2015. Felizmente, também nesta viagem, graças ao meu amigo Luís Bravo, um advogado brasileiro, pude experimentar um excelente expresso.

CAPÍTULO 16

A Educação na vanguarda da cura?

*E*M agosto de 1996, no início da minha atividade como *professor* na Eastern Mennonite University – EMU, fui convidado a ministrar uma palestra na faculdade e o tema que me deram foi: "Tornando-se uma Universidade Cristã de Destaque" ["On Becoming a Christian University of Distinction"]. A EMU acabara de adotar a expressão "Uma Universidade Cristã de Destaque" como slogan, e eu tinha algumas dúvidas acerca do que isso significava e sobre como me sentia a respeito.

A EMU, onde está localizado o Center for Justice and Peacebuilding, é uma instituição relativamente pequena fundada em 1917 e vinculada à Igreja Menonita dos Estados Unidos. Em que pese o vínculo decorrente da denominação religiosa, a universidade possui um forte compromisso com questões globais, com a diversidade de crenças e de perspectivas, especialmente no CJP, onde lecionei a maior parte do tempo. Ao longo de sua história de mais de 25 anos, o Summer Peacebuilding Institute do CJP reuniu anualmente praticantes e alunos de 40 a 50 países, representantes de muitas crenças e tradições. Da mesma forma a diversidade é uma característica do programa de mestrado.

Na medida em que tento compreender a desconcertante frase *"Uma universidade cristã de destaque"*, bem como o que isso significa para a Educação, minhas reflexões inevitavelmente se tornam pessoais. Percorri um longo caminho e voltei ao ponto de partida da minha vocação: o ensino superior. Completaram-se vinte anos na última primavera desde que deixei de ensinar em tempo integral em Talladega College, Alabama, para me dedicar à prática e à divulgação ao público em geral. Embora minha experiência como professor tivesse sido positiva, nunca pensei que a ideia de voltar à vida de docente e ao ambiente universitário pudesse ser uma coisa boa. Hoje fico feliz ao dizer que é!

O mundo mudou ao longo dos anos: os alunos estão diferentes e eu também. Minhas palavras nascem dessa combinação de experiências e mudanças: o que vou apresentar é o que aprendi sobre educação, dentro e fora do mundo acadêmico. Vou falar sobre o que sabemos, como sabemos, e sobre quais são as implicações disso para a educação.

Como primeiro estudante branco em Morehouse College e, posteriormente, como professor euro descendente de estudantes afro-americanos em Talladega College, encontrei-me imerso em um mundo muito diferente daquele que eu conhecia. Fui assim forçado a perceber como a cultura e as características étnicas configuram nossos valores, nossas visões de mundo, nossas perspectivas educacionais. A influência da etnia e da cultura é ampla e sutil; transcende a análise racional e a consciência, constituindo a essência de quem somos. É mais basilar do que podemos perceber, mesmo quando achamos que percebemos.

Estou convencido, em razão de tais experiências, de que nossa maneira de aprender, de ensinar e de nos comunicarmos é profundamente formatada por nossas biografias. O que pensamos saber, como chegamos a saber, como usamos o que sabemos – tudo isso é condicionado por nosso gênero, nossa etnia, nossa cultura e nossa história. Assim, mesmo que nos esforcemos muito, a nossa compreensão é sempre incompleta.

O ensino superior no Ocidente tem se caracterizado pelo individualismo e pela competitividade, atribuindo muita importância ao desempenho e às avaliações. Tem também desprezado as contribuições dos estudantes, decorrentes de suas experiências pessoais de vida, de seus conhecimentos e do estilo de aprendizagem de cada um.

As instituições de ensino adotaram a autoridade do professor enfatizando a superioridade do racional, do analítico, do verbal. O princípio cartesiano da dúvida e do ceticismo é muitas vezes o ponto de partida, mas no final ensina-se aos estudantes a projetar uma imagem de autoconfiança.

A educação cristã em particular é muitas vezes associada a um conhecimento dogmático, hierárquico e impositivo, bem como a uma presunção de certeza a respeito do que se sabe. O ensino superior tem contribuído para alimentar o que Deborah Tannen chama de "cultura da argumentação"*, que se baseia na pressuposição de que "a oposição é

---

* Mais sobre o que a autora citada denomina *"the argument culture"* pode ser encontrado (além de em outras fontes) em artigo dela própria publicado no *Washington Post*, "For Arguments Sake –Why do We Feel Compelled to Fight about Everything?" [Em nome do argumento – por que nos sentimos compelidos a brigar por tudo], disponível em https://www.washingtonpost.com/archive/opinions/1998/03/15/for-arguments-sake/04636e38-6298-4c2c-90d3-db0726e60b28/ [Acesso: 08 mai 2024] [N.T.]

a melhor maneira de se conseguir qualquer coisa". Como resultado, "[...] valorizamos a contenciosidade e a agressão mais do que a cooperação e a conciliação."

Tal concepção acerca do conhecimento, apesar de usual, não serve para todos. De acordo com o estudo *Women's Ways of Knowing*, não serve para muitas mulheres. E não serviu para mim.

Creio que, conforme ressaltei anteriormente, é possível resumir em duas atitudes o que falta na abordagem ocidental acerca da educação: humildade e respeito. São estes os valores que me ocorrem quando penso no que é necessário para se tornar uma "universidade cristã de destaque". Tal postura – caracterizada por uma profunda humildade a respeito do que "sabemos" e do uso que fazemos do que "sabemos" – supõe que:

- Compreendemos que a validade do nosso conhecimento é limitada e que não se presta a generalizações.
- Reconhecemos o papel das nossas biografias na estruturação do nosso conhecimento.
- Aprendemos a apreciar a ambiguidade, o paradoxo e o mistério.
- Tornamo-nos conscientes das consequências não intencionais que podem advir do pensamento e da ação.
- Reconhecemos a existência de múltiplas maneiras de obter conhecimento e de expor o que sabemos.

Isso significa que, como professores, precisamos colocar menos ênfase em sermos especialistas e transmissores de conhecimento e mais em nos tornarmos "facilitadores de aprendizagem". Significa um profundo apreço pela variedade de conhecimentos e pelas diferentes formas pelas quais as pessoas adquirem tais conhecimentos.

Acima de tudo, tornar-se uma universidade cristã de destaque significa um profundo respeito pelas pessoas, tanto por aquelas que são "os outros" como por aquelas que são "semelhantes"; tanto pelos alunos como pelos colegas.

Tivemos há alguns anos, durante um curso no Summer Peacebuilding Institute intitulado "Lições da Justiça Indígena", uma experiência concreta do que isso significa. A coordenação foi minha, mas os dois principais instrutores foram Alan MacRae, da Nova Zelândia, e Rosemary Rowlands, de Yukon. Rosemary, uma mulher aborígine que tem trabalhado com o que agora se denomina "círculos de sentenciamento" e "círculos de cura", apresentou-nos os ensinamentos e a metodologia do círculo que utilizamos ao longo do curso.

No plano concreto tal metodologia consiste em um padrão circular – as pessoas se sentam e se manifestam em círculo – e na utilização de uma pena (ou "microfone indígena"). No entanto, por trás do aspecto visível, está uma filosofia: os "ensinamentos", que enfatizam a humildade e o respeito. As manifestações dos participantes sempre obedecem ao sentido horário e cada um fala na sua vez; não há debates cruzados como no método argumentativo. Faz uso da palavra somente a pessoa que segura a pena, e esta nos lembra da nossa responsabilidade de falar com integridade, a partir do coração.

A pena e o círculo nos fazem recordar também que cada pessoa está lá por um motivo – cada uma tem uma contribuição a dar, cada uma deve ser respeitada e todas estão em posição de igualdade. No círculo, compreende-se que todos somos imperfeitos e estamos em nossos próprios caminhos de cura, inclusive nossos líderes.

A maioria dos participantes descreveu o curso como uma experiência espiritual. Quando terminou, muitos, de fato, disseram que suas vidas foram transformadas. E vejam que este foi um curso sobre justiça criminal! Estou convencido de que essa experiência holística de aprendizado só foi possível graças à atitude de respeito e humildade dos instrutores, bem como à maneira como conduziram o curso.

Em um sebo na cidade de Atenas no Ohio, EUA, no início desta semana consultei um "dicionário de palavras e frases difíceis" segundo o qual, *"destaque"* significa uma "diferença evidente". Se for possível construir nossa instituição com base nesses dois princípios – respeito e humildade – poderemos ser evidentemente diferentes, *uma universidade cristã de destaque*. Na vanguarda da cura.

• • • • • • • • • •

Refletindo sobre minhas duas principais carreiras como professor – primeiro em Talladega College e depois na Eastern Mennonite University – surpreende-me o quanto tive que aprender e o quanto aprendi com os meus "alunos". Quando comecei a dar aulas, seguia o modelo que tinha visto na faculdade e na pós-graduação: aulas expositivas. Enquanto era estudante as aulas expositivas pareceram-me muitas vezes adequadas, mas logo percebi seus limites. Um dos meus professores da graduação lembrava-me, de tempos em tempos, que o meu estilo de aprendizagem não era necessariamente a regra geral. Hoje de fato não consigo assistir a uma exposição que dure mais de quinze minutos!

Aprendi, em especial no CJP como facilitador de aprendizagens eletivas, a trabalhar com base na experiência e no conhecimento dos alunos de modo a criar um ambiente onde a sabedoria possa emergir, como alguém já disse e como mencionei antes

Durante vários anos, Hal Saunders fez parte do Conselho Diretivo do CJP. Hal prestou serviços para cinco presidentes dos Estados Unidos, muitas vezes como negociador. Participou, por exemplo, dos Acordos de Camp David de 1978 e ajudou a negociar a Crise dos Reféns no Irã de 1979 a 1981. Numa fase posterior de sua vida, criou o The Sustained Dialogue Institute. *Penso com frequência em algo que ele costumava dizer: "o tipo de educação que realmente faz a diferença é a que ajuda os alunos a conceitualizarem suas próprias experiências".*

• • • • • • • • • •

Sempre gostei de oferecer sessões de fotos aos meus alunos. Há alguns anos encontrei este retrato de Nikky Finney, do tempo em que ela frequentava minhas aulas de fotografia em Talladega College na década de 1970. Nikky é hoje uma poetisa nacionalmente reconhecida, tendo vencido o National Book Award for Poetry em 2011. Enviei-lhe este retrato, e recebia sua resposta:

"Então foi você quem tirou esta foto. Eu não me lembrava. Tenho uma cópia muito pequena e bastante danificada [...]. De todas que já tirei, sempre senti que esta foto é a mais reveladora [...] especialmente porque aparece uma marca de tinta no meu braço, logo abaixo da pulseira. Para mim, isso era um sinal a indicar que estaria marcada e coberta de tinta pelo resto da vida. Um verdadeiro sinal da direção que minha vida tomaria. Não possuo peça de roupa, conjunto de lençóis, bolsa ou bolso de casaco que não tenha o 'sangue' de uma caneta. Eu tinha nesta foto 19 anos. Talvez 18. Você conseguiu algo que ninguém mais captou desde então. Sou grata a você."

Às vezes solicitavam-me que fizesse fotografias para o CJP, como na imagem acima. Em algum momento, montei um estúdio fotográfico em nosso prédio de escritórios e oferecia retratos gratuitos aos alunos. Conforme ia me afastando dos meus compromissos como docente, tal atividade me proporcionava uma maneira de conhecer melhor os alunos.

A Educação na vanguarda da cura?

Pediram-me que fotografasse a ex-aluna Leymah Gbowee depois que ela recebeu o Prêmio Nobel da Paz. Aqui estamos, eu e ela, avaliando as imagens para checar se tínhamos conseguido o que precisávamos.

Refletindo sobre o passado... Imaginando o futuro

Em algum momento, mais ou menos por volta de 1990, encontrava-me num avião de carga C-130 Hercules, sentado no banco dos paraquedistas atrás dos pilotos, voando sobre a terra árida e devastada pela guerra no Sudão do Sul. Perguntava-me como havia chegado lá e o que estava fazendo. Esta foi a minha segunda missão fotográfica no Sudão do Sul durante a guerra civil. Minha base dessa vez era o acampamento das Nações Unidas Operation Lifeline Sudan Lokichogio, no árido norte do Quênia, e pegava os voos de ajuda humanitária que chegavam e partiam do Sudão.

Foi uma missão desafiadora e, por alguma razão – talvez por causa das dificuldades e perigos, e com certeza por causa do sofrimento que estava testemunhando – sentia-me cansado e desanimado. Então me veio à lembrança a imagem que me fora dada antes da viagem pelo meu diretor espiritual.

Como o profeta Elias, eu estava sentado sob uma árvore no deserto sentindo pena de mim mesmo, atemorizado. Diferentemente do que aconteceu com Elias, não fui alimentado e nem tocado por um anjo, mas de alguma forma aquela imagem e a mensagem nela implícita – "deixe de sentir pena de si mesmo e mexa-se" – me ajudaram a avaliar a situação e me deram forças para concluir a missão. Eu penso frequentemente nessa imagem; ela me convoca a reafirmar a vida e seguir em frente.

Muitas vezes me perguntam o que é que me manteve em movimento, seguindo adiante por todos esses anos apesar das histórias traumáticas que ouvi, dos muitos obstáculos enfrentados pela Justiça Restaurativa, e da forma como ela tem sido frequentemente cooptada e mal utilizada. Eu penso no que Julia Cass, ex-repórter de homicídios do *Philadelphia Inquirer*, respondeu quando lhe fiz uma pergunta semelhante sobre o que a fazia seguir em frente apesar de toda a tragédia que tinha visto. "É a força e a resiliência dos familiares e das outras pessoas que encontro."

Da mesma maneira, o que me faz seguir adiante são os testemunhos de pessoas cujas vidas foram modificadas pela Justiça Restaurativa ou que, com grande coragem e resiliência, se transformaram e cresceram a partir de seus traumas; são as formas surpreendentes e inspiradoras que as pessoas (que tive o privilégio de ensinar e orientar e com quem também aprendi) descobrem para implementar a Justiça Restaurativa; é ver como as pessoas se apoderam das ideias e as levam adiante, muitas vezes em novas áreas. É ajudar a fazer conexões e observar a energia e a criatividade que surgem delas.

Na verdade, de muitas maneiras tenho estado em uma posição privilegiada. Agora é hora de abrir mão desse privilégio e na medida do possível legá-lo a outros. Espero que o material aqui reunido, apesar de limitado, possa contribuir para essa transição.

Embora a Justiça Restaurativa ainda seja um percurso em que há muitas curvas cegas e possíveis caminhos errados, fico feliz em dizer que a estrada e seu destino estão hoje muito mais visíveis.

Termino, como na edição de 25 anos de *Trocando as lentes*:

> *Acredito que se partimos para esta jornada com respeito e humildade, com uma atitude de maravilhamento, ela poderá nos levar ao mundo que desejamos para nossos filhos e netos.*

Para Howard Zehr*

bicicletas: reclinadas, dobráveis e verticais

Código Morse com uma chave
ele é feito de sabe-se lá o quê
peças de máquina de escrever, garfos de jantar
pregos de dez centavos, pelo que sei

rádios AM de sessenta anos atrás
quanto mais problemas com eles
mais feliz ele fica
e ele conserta o seu
por cinquenta centavos

---

* To Howard Zehr / bikes: recumbent, foldup and upright / Morse code with a key/ he's made of who knows what—/ typewriter parts, dinner forks,/ ten-penny nails for all I know / AM radios from sixty years ago—/ the more that's wrong with them / the happier he is / and he'll fix yours / for fifty cents / espresso, from the beans / he roasts himself / adding milk would be a sin / Fuji XT-2's with researched lenses / panoramic photographs of trees and streams / images of pickup trucks / (and if you're tired of yours / he'll find someone to take your camera / off your hands / then make you think / you need another bigger better one / with the proper case, of course) / anything that's broke / he'll fix and make it better / than it was when it was new / emails you send:/ if no reply / before the ink is dry / he's not around / or he is dead / and then there are the jokes / it's good his mother doesn't know / things most who think / they know this man / don't know about, / think all he does/ is write his tomes / that show new ways / of bringing justice / to the world / (father figure of it all) / a man who goes to jails / and photographs and interviews /to show us who they are, / those people in the cells, / and who we are / but most a man / who when you talk to him / makes you feel / you're the only one / in the room/ even in a crowded coffee shop, / that what you say is vital stuff/ no one's ever thought about before.

Para Howard Zehr

café expresso, dos grãos
que ele mesmo torra
adicionar leite seria um pecado

Fuji XT-2s com lentes pesquisadas
fotografias panorâmicas de árvores e riachos
imagens de caminhonetes
(e se você estiver cansado da sua,
ele encontrará alguém para tirar sua câmera
das suas mãos
então fará você pensar
que você precisa de outra maior e melhor
com o estojo adequado, é claro)

qualquer coisa que esteja quebrada
ele vai consertar e deixá-la melhor
do que era quando nova

e-mails que você envia:
se não houver resposta
antes que a tinta seque
ele não está por perto
ou está morto

e então há as piadas
é bom que a mãe dele não saiba

coisas que a maioria que pensa
que conhece este homem
não sabe
acho que tudo o que ele faz

é escrever seus livros
que mostram novas maneiras
de trazer justiça
para o mundo
(uma figura paterna de tudo isso)
um homem que vai até as prisões
e fotografa e entrevista
para nos mostrar quem são,
aquelas pessoas nas celas,
e quem somos nós

mas principalmente um homem
que quando você fala com ele
faz você se sentir como se fosse
a única pessoa presente,
mesmo em uma cafeteria lotada;
sentir que o que você diz é algo vital
que ninguém nunca pensou antes.

— JOSEPH GASCHO, fotógrafo, poeta, cardiologista, amigo.

2 de julho de 2020

Agradecimentos

Como mencionei anteriormente, este livro não existiria sem a visão e o incentivo – posso até dizer, um empurrão suave – dos editores Merle Good e Phyllis Pellman Good. A seleção cuidadosa, edição e percepção acerca do público leitor potencial por parte de Phyllis foram cruciais para moldar sua forma final. Sou grato a eles por publicarem não apenas este livro, mas também os anteriores lançados sob o selo Good Books. Também agradeço a competência do designer Cliff Snyder, que pode ser vista aqui, bem como em alguns dos meus livros anteriores.

Gostaria de encontrar uma maneira de agradecer a todos que contribuíram para a minha jornada: ex-"alunos", colegas, homens e mulheres encarcerados, sobreviventes de violência, familiares e amigos, acadêmicos e praticantes... a lista parece interminável. Como costumo dizer, sou realmente um pensador sintético, então a maioria das minhas ideias provavelmente vem de algum outro lugar. Quanto mais velho fico, mais difícil é lembrar de onde.

Por fim, quero agradecer à minha esposa Ruby Friesen Zehr, que está comigo há bem mais de meio século. Ela dirá que nem sempre foi uma jornada tranquila. Ela também dirá, com razão, que eu não seria o homem que sou sem ela. Ela tem sido uma parceira essencial nesta jornada.

Créditos dos textos

Capítulo 1, "Justiça Restaurativa – a promessa, o desafio". Uma versão desta entrevista apareceu pela primeira vez em *The Magazine of the Alternative Dispute Resolution Center of the Judicial Power of Nuevo León*.

Capítulo 2, "A jornada rumo ao pertencimento". Uma versão deste capítulo apareceu pela primeira vez em *Restorative Justice: Theoretical Foundations* por Elmar G.M. Weitkamp e Hans-Jürgen Kerner, © 2002. Reproduzido com permissão do Taylor and Francis Group, LLC, uma divisão da Informa plc.

Capítulo 4, "A promessa e o desafio da Justiça Restaurativa para as vítimas" publicado pela primeira vez em *Safer Society* (UK), Nº 32, Spring 2007.

Capítulo 6, "Como cheguei até aqui – uma conversa com Bruna Pali". A entrevista ocorreu em novembro de 2019 e foi originalmente publicada em www.restorotopias.com

Capítulo 7, "A Justiça Restaurativa e a tradição gandhiana". Uma versão deste capítulo apareceu pela primeira vez no *International Journal on Responsibility*, Vol. 1, 1.2 (May 2018, p. 5-7).

Capítulo 8, "Uma retrospectiva da minha carreira e da Justiça Restaurativa". A permissão para incluir este capítulo foi concedida por Tom Porter do *Journal of Law and Religion*.

Capítulo 12, "Além do crime: uma visão para nos orientar e sustentar". Uma versão deste capítulo foi apresentada na Conferência Internacional "Restorative Approach and Social Innovation: From Theoretical Grounds to Sustainable Practices" (Universidade de Pádua e AREA Science Park, 7-8 de novembro de 2018). Uma versão foi originalmente publicada em *Verifiche* (XLVIII, nº 2, 2019, 1-15), e em forma parcial em um volume com o mesmo nome da palestra, Giovanni Grandi e Simone Grigoletto, eds., Padova University Press, Padova 2019, 21-27.

Capítulo 16, " A Educação na vanguarda da cura?" Permissão para incluir os trechos do e-mail das páginas 200-201 concedida por Nikky Finney.

Créditos das fotos

Fotografias de Howard Zehr – páginas 59, 133, 138, 150, 190, 191 e 201.

Também de autoria de Howard Zehr, as fotos às páginas 123, 158, 159 e 160 são de *Still Doing Life: 22 Lifers, 25 Years Later*. Copyrights de Howard Zehr e Barb Toews. Reproduzidas aqui com a permissão da The New Press. www.thenewpress.com

Fotografias de autoria de outros fotógrafos: página 104, de Aaron Jonston; página 111, montagem de Joanna Yoder; retratos na parte inferior da página 136, de Dick Lehman; páginas 141, 203, capa e foto da direita na contracapa, de Jon Styer; ambas da página 189, de Rita MacRae; página 213, de Seng Pan.

As demais fotos são de autoria desconhecida.

Sobre o autor

Ao fazer retratos dos meus alunos no estúdio do CJP, às vezes trocava de lugar com eles e deixava que eles me fotografassem. Como costumava dizer nas aulas de fotografia, é justo que um fotógrafo esteja disposto a estar dos dois lados da lente. Este retrato foi feito em uma dessas sessões, em 2009, por Seng Pan de Mianmar.

Conhecido em toda parte como "avô da Justiça Restaurativa", Howard Zehr começou a praticar e estruturar conceitualmente a JR no final da década de 1970, na fase fundante desse campo de atuação. Palestrou e deu consultoria em muitos países. Profícuo escritor e editor, palestrante, educador e fotojornalista, Zehr foi mentor ativo de outros líderes de JR.

Em 1996 o Dr. Zehr ingressou como professor do Center for Justice and Peacebuilding da Eastern Mennonite University, em Harrisonburg, Virginia. Ele detém o título de Professor Honorário de Justiça Restaurativa e está envolvido com a área através do Zehr Institute of Restorative Justice do Center for Justice & Peacebuilding da Eastern Mennonite University.

Antes disso, Zehr foi diretor do Mennonite Central Committee U.S.Office on Crime and Justice. De 1970 a 1978 foi professor em Talladega College, Talladega, Alabama.

Dr. Zehr concluiu seu doutorado na Rutgers University e seu mestrado na University of Chicago. A graduação foi pelo Morehouse College em Atlanta, Georgia.

Suas muitas publicações incluem *Trocando as lentes* e *Justiça Restaurativa*. Os livros envolvendo fotografias são *Doing Life: Reflections of Men and Women Serving Life Sentences*; *Transcending: Reflections of Crime Victims*; *What Will Happen to Me?*; *Pickups: A Love Story*; e, mais recentemente, *Still Doing Life: 22 Lifers 25 Years Later* (em coautoria com Barb Toews). Além disso, ele expôs suas fotos em vários espaços e elas estão incluídas em inúmeras publicações.

Zehr é casado com Ruby Friesen Zehr, originalmente de Manitoba, Canadá, e tem duas filhas, Nicole e Kori, e dois netos.

UMA HISTÓRIA SOBRE HOWARD ZEHR

Esse livro inteiro é um pacote de esperança, um necessário kit de primeiros socorros para continuar o resgate de nós mesmos e seguir orientando o movimento de Justiça Restaurativa.

Um dia depois de terminar sua participação num curso sobre Justiça Restaurativa em Oaxaca, coube a mim levar Howard de volta para o hotel. Estava animado por ter meu professor a meu lado e poder tirar todas as dúvidas que tinha.

Quando fiz a primeira pergunta, Howard sorriu e me disse: "Vamos falar sobre caminhonetes".

Ele me contou que ver as caminhonetes velhas ainda rodando era sua diversão – vê-las restauradas, os pneus, motores, baterias, ferragens e faróis grandes.

Chegamos ao hotel e estava feliz por ter partilhado momentos com ele. Achei que ele não queria falar sobre Justiça Restaurativa.

Durante sua estada na cidade continuamos a fazer refeições e passeios juntos. Ele era sempre gentil e invariavelmente trazia a máquina fotográfica. Dias depois Howard me enviou uma foto por e-mail. Nela minha filha está olhando para mim cheia de ternura e eu fui tomado de amor por ela.

E foi então que eu entendi. A Justiça Restaurativa está em todo lugar, se aprendermos a colocar as lentes restaurativas. As conversas com as pessoas importantes para nós nos restauram, a sabedoria dos professores (homens e mulheres) que ensinam com o coração; as caminhonetes velhas que ainda rodam, as refeições e os momentos que nos fazem ver a nós mesmos com outros olhos, com os olhos voltados para as possibilidades.

Hector Valle, terapeuta familiar, guardião de círculos, Oaxaca, México.

HOMENAGENS E DEPOIMENTOS

A Editora Walnut Street Books, de Lancaster, Pennsylvania, tomou a iniciativa de entrar em contato com pessoas que tiveram contato com o trabalho de Howard Zehr, nas suas várias frentes, para pedir testemunhos a seu respeito. A pedido da Editora, transcrevemos abaixo essas homenagens e depoimentos:

O reconhecimento da dedicação de Howard Zehr à paz e à Justiça Restaurativa jamais será excessivo. Ele tem sido uma voz crítica e um intelectual de destaque nessa área. O meu trabalho e a minha jornada como sobrevivente de uma das guerras civis mais brutais da África foram indelevelmente marcados por seus ensinamentos, sua mentoria e sua orientação.

Tive o privilégio de passar quatro dias com Howard na Penitenciária Estadual da Pensilvânia, como parte das atividades do nosso curso em 2007. Vi a compaixão e o respeito que ele tem pelos homens encarcerados e por suas opiniões a respeito da justiça.

O nosso mundo, a nossa jornada como construtores da paz e a comunidade global são um lugar melhor graças ao serviço que esse grande homem presta à humanidade!

Leymah R. Gbowee, Prêmio Nobel da Paz, Libéria

Conheci Howard do lado de dentro de um muro de concreto de cerca de 9 metros de altura. Foi em 2009. Estava numa batalha contra a sentença que me havia imposto a pena de prisão perpétua e tinha acabado de participar da criação de um projeto de Justiça Restaurativa baseado principalmente em sua obra.

Ao longo dos anos, nos tornamos colegas, amigos, irmãos. E embora seu impacto no movimento seja evidente, é a sua humildade e a sua sabedoria silenciosa que continuam a me inspirar mais do que tudo.

Isso é tão verdadeiro hoje como há treze anos naquela sala de aula na prisão.

Felix Rosado, recentemente libertado da prisão e autor do livro
Let's Circle Up: Doing Restorative Justice Education Together

HOMENAGENS E DEPOIMENTOS

Howard sempre resistiu a falar sobre si próprio, apesar da insistência daqueles que, como nós, valorizam o que ele pessoalmente trouxe para o campo da Justiça Restaurativa: seu coração amoroso, aberto e fiel aos princípios, sua vasta experiência com pessoas incríveis e a maneira como ele transita entre o profundo respeito pela condição humana e uma irreverência bem-humorada com as suas imperfeições.

Estou muito emocionada por ele ter finalmente escrito uma obra na qual compartilha sua jornada, tão humana, rumo às profundas contribuições que trouxe para o campo da JR.

sujatha baliga, advogada e facilitadora de Justiça Restaurativa
(vencedora do prêmio MacArthur Fellowship)

Esta biografia de Howard revela um profeta humilde e fiel que legou à próxima geração uma das maiores dádivas: *uma justiça que cura e transforma!*

Carl Stauffer, Ph.D., United States Institute of Peace, Washington, D.C.

Howard sempre foi ao mesmo tempo uma pessoa extraordinária e extraordinariamente humilde.

Ele ensinou a muitos de nós – direta ou indiretamente – mas o que diferencia sua genialidade é o fato de ter, ao longo do tempo, aprendido com tantas pessoas do movimento. Essa aprendizagem contínua, enraizada em seu infinito respeito pelo valor das pessoas, tem tanto a ver com o espírito da Justiça Restaurativa quanto todo o trabalho que ele desenvolveu e conduziu ao longo de sua impactante e duradoura carreira.

Danielle Sered, Common Justice, Fundador e Diretor

As aulas de Howard eram lendárias; seus alunos sempre ficavam profundamente impactados por sua filosofia.

Como professor, ele personificava o conceito indiano de "guru" e segue sendo o meu mais amado e respeitado mentor. Obrigado, Howard.

Sudipta Bhattacharjee, editora e professora de ciência da comunicação, Índia

HOMENAGENS E DEPOIMENTOS

Em uma cela de prisão, li pela primeira vez "Justiça Restaurativa" de Howard Zehr. Na época, não me dei conta do impacto daquele momento.

Uma década depois, na sala de aula da EMU, ouvi o Dr. Zehr expor a história e a teoria da JR. Ao longo de uma série de encontros e interações naquele semestre, ele se tornou um mentor e um amigo.

Em 2017, Howard fez o discurso da minha formatura quando me tornei o primeiro formando com Mestrado em Justiça Restaurativa. Como acontece com outros que seguem os passos de Howard, a minha é uma história de transformação e do poder curativo da JR.

Gregory Winship, estrategista de Justiça Restaurativa para pessoas em conflito com a lei, Center for Conflict Resolution, Kansas City, MO

"Não consigo pensar em outra pessoa além de Howard que tenha captado e transmitido de uma maneira tão simples e clara as nuances da Justiça Restaurativa."

David Karp, Diretor, Centro de Justiça Restaurativa, Universidade de San Diego

---

O livro é igualmente instrutivo e agradável tanto para quem está se iniciando na Justiça Restaurativa como para o praticante avançado. As reflexões de Howard sobre suas décadas de experiência nos lembram da humanidade que há em nosso trabalho. E também nos orientam sobre como manter a esperança diante do desafio de incluir o amor em nossas instituições judiciais mais poderosas.

Brenda Waugh, advogada, mediadora, facilitadora de Justiça Restaurativa

---

Howard mostra um incansável pioneirismo e ao mesmo tempo mantém um ideal constante, uma combinação única de opostos, característica dos verdadeiros líderes dos movimentos sociais.

Esses são os dons que ele trouxe para o movimento restaurativo, tanto a visão quanto o espírito que a sustenta.

Para a nossa geração, ele ensinou que a luta pela justiça é longa e árdua e imaginar que possa ser vencida no tempo de uma só vida é pensar pequeno. Ele também nos ensinou que, para termos credibilidade, precisamos colocar em prática o que pregamos (*walk the talk*); e para compartilhar nossa visão, é necessário que caminhemos juntos.

Dra. Brunilda Pali, pesquisadora sênior, University of Leuven, Bélgica

HOMENAGENS E DEPOIMENTOS

Eu sabia que estava "entrando em terreno desconhecido" ao adaptar os princípios da Justiça Restaurativa para aplicá-los nos casos federais de pena de morte.

Um dos incríveis dons de Howard é que ele encoraja, tanto os seus alunos como a sociedade, a descobrir e percorrer novos caminhos, indicando carinhosamente aqueles que parecem possíveis. Os princípios que Howard aprimorou continuam a ser um farol para aqueles que trabalham no campo da JR.

Suas contribuições para a criação de um sistema de justiça mais curativo são profundas e duradouras.

Tammy Krause, Ph.D., diretora do National Council for Defense-Victim Outreach

---

Este cativante e criativo livro é um verdadeiro tesouro do precursor mais influente da JR, reunindo recordações pessoais, curiosidades históricas e profundos insights vindos de uma longa experiência com a filosofia e com a prática da Justiça Restaurativa.

O livro dá testemunho de uma mente e de uma vida vivida com graça e generosidade a serviço dos outros.

Chris Marshall, professor emérito, Te Ngāpara Centre for Restorative Practice, Victoria Universidty of Wellington, Nova Zelândia

---

Somos gratos a Howard pela maneira como ele nos ajudou a ver e compreender como é possível construir nossa prática sobre uma base sólida de valores e princípios.

Catherine Bargen, cofundadora da organização Just Outcomes

Este livro é uma janela que permite vislumbrar quem é Howard longe dos holofotes e além dos títulos:
- marido amoroso de Ruby;
- viajante e fotógrafo apaixonado, possuidor de um grande senso de humor;
- pessoa brilhante, com uma aguçada curiosidade em relação à história, às pessoas, à vida e ao conhecimento;
- dono de um coração humilde e generoso.

Katia Ornelas, praticante de Justiça Restaurativa, Cidade do México, México

HOMENAGENS E DEPOIMENTOS

Este relato pessoal acerca da criação e desenvolvimento do movimento de Justiça Restaurativa oferece novos e esclarecedores insights.

É indispensável para qualquer pessoa interessada na história da Justiça Restaurativa contemporânea, ou que tenha curiosidade a respeito do crime e de como podemos lidar com ele de uma maneira melhor.

Gerry Johnstone, Professor de Direito na Universidade de Hull, Grã-Bretanha, e autor da obra Restorative Justice: Ideas, Values, Debates

Quando encontrei Howard pela primeira vez, ele disse de um jeito casual que havia se formado em Morehouse College (depois soube que foi o primeiro homem branco a se formar nesta instituição historicamente negra). Naquela ocasião, eu não tinha ideia da importância de Howard no movimento da Justiça Restaurativa, mas, sendo uma mulher negra que cresceu em uma comunidade HBCU (Historically Black Colleges and Universities), queria conhecer sua experiência em Morehouse. Como praticante de JR, desenvolvi uma profunda admiração por tudo que Howard escreveu. Tenho certeza de que suas palavras sobre Justiça Restaurativa também guiarão as carreiras das futuras gerações.

Sheryl Wilson, Diretora Executiva do Kansas Institute for Peace and Conflict Resolution, Bethel College, North Newton, KS

Quando li pela primeira vez um dos livros do Prof. Howard, encontrei muitas semelhanças com o meu próprio sistema indígena, a *jirga*. No dia seguinte, fui ao escritório dele para conversarmos. O Prof. Howard me incentivou a fazer seu curso de JR, e então a jornada começou.

Ali Gohar, Swabi, Khyber Pukhtoon Khawa, Paquistão

Para entender um determinado movimento social, é necessário compreender a perspectiva original e a história do movimento. Este livro é sobre o *que*, o *porquê*, o *quem* e o *como* da Justiça Restaurativa. "O Avô da Justiça Restaurativa", Dr. Zehr, gentilmente nos faz um relato da sua jornada pessoal, social e espiritual.

HOMENAGENS E DEPOIMENTOS

Como sua ex-aluna, admiro o Dr. Zehr não apenas por seus ensinamentos e orientação, mas também por sua dedicação e humildade mesmo sendo o pioneiro de um novo paradigma e de novas práticas. Seu trabalho e o seu legado serão levados adiante por seus amigos e seguidores ao redor do mundo, inclusive por mim mesma.

Jae Young Lee, Diretora da Associação Coreana de Justiça Restaurativa, Gyunggido, Coreia do Sul.

Adorei este livro; é uma síntese do trabalho de Howard Zehr ao longo de toda a sua vida, um movimento verdadeiramente revolucionário. A leitura me trouxe uma perspectiva como advogado/mediador sobre como praticar a justiça, mas também me mostrou, como ser humano, a forma de viver restaurativamente.

Howard "é o cara" – ele retorna ligações de um acampamento no Canadá, está sempre aberto a críticas e é cauteloso diante de eventuais consequências imprevistas. Como fotógrafo, ele vive tomado pelo maravilhamento e admiração, tem um senso de humor muito ancorado na realidade - o que me ajudou durante a pandemia. E ele toma café expresso enquanto se comunica em código Morse!

Tom Porter, advogado, professor, ministro, mediador, Wellesley, MA

Este livro é ótimo em qualquer circunstância porque revela coisas que não se sabia sobre Howard e a Justiça Restaurativa e provoca reflexões até mesmo em praticantes experientes de JR!

A contribuição de Howard para a concepção e aprendizado de questões relacionadas à justiça não pode ser exagerada, mas é imensa.

Depois das primeiras visitas de Howard a Aotearoa, Nova Zelândia, escrevi que o víamos como um "profeta da justiça", um termo que usei nos sentidos religioso e não religioso. Isso se torna ainda mais verdadeiro agora, depois que li o livro e vi o que ele fez com sua "aposentadoria". Esta palavra parece que não se aplica...

Ele tem seguido uma trajetória ininterrupta, sempre ensinando e orientando. Bom trabalho, Howard!

Fred McElrea, ex-juiz distrital e acadêmico, Nova Zelândia

HOMENAGENS E DEPOIMENTOS

Em 2008, Howard generosamente concordou em viajar para a Dinamarca para se manifestar em uma sessão do Parlamento Dinamarquês sobre mediação vítima-ofensor. Muitos dentre os presentes estavam sendo apresentados às ideias de Justiça Restaurativa pela primeira vez e Howard dirigiu-se à plateia, bastante numerosa e inquisitiva, da maneira sempre suave, inspiradora e encorajadora que o caracteriza.

Até hoje, quase 15 anos depois, ainda encontro pessoas que me dizem que foi naquela ocasião que a noção de Justiça Restaurativa passou a fazer sentido para elas.

Karin Sten Madsen, praticante de JR, Copenhague, Dinamarca

Honestidade intelectual, clareza conceitual, capacidade de integrar talentos e áreas de conhecimento permitindo que a Justiça Restaurativa ultrapassasse os limites da justiça criminal, formando e encorajando profissionais da justiça em culturas estrangeiras – essas são algumas das características únicas do Professor Howard Zehr.

Raramente encontramos alguém com uma capacidade tão poderosa de transformar visões de mundo, instituições, procedimentos legais, currículos, comunidades e as vidas de milhares de pessoas.

Como ser humano, ele incorpora os valores da Justiça Restaurativa, que hoje reconhecemos como uma filosofia e uma arte de viver.

Lia Diskin, cofundadora da Associação Palas Athena, Brasil

Há quase 40 anos, como um jovem negro vivendo na sombria prisão de Rikers Island, encontrei Howard Zehr pela primeira vez. Eu era um estudante que tinha sido transferido de uma faculdade para outra. Agora, muitos anos depois, sou professor de religião e de estudos africanos e afro-americanos.

Acho que este é um livro inspirador. Mas o que realmente lhe dá vida são as narrativas acerca do esforço em direção à justiça, das quais Zehr dá testemunho por meio das histórias tão humanas que ele conta e dos retratos tão vivos que as acompanham.

Howard possui um coração feito de ciência e arte, profundamente determinado a conceber a condição humana além de uma perspectiva

HOMENAGENS E DEPOIMENTOS

retributiva – esforçando-se de fato (tanto quanto possível) para "colocar as coisas no lugar certo" em relação às vítimas e tornar os ofensores responsáveis em comunidades inclusivas onde haja um cuidado restaurativo para todas as pessoas impactadas pelo dano.

James S. Logan, Earlham College

Meus colegas e eu sempre sentimos de alguma forma que Howard confiava em nós. Isso não se devia às nossas características, mas sim à sua habilidade única de enxergar o melhor nas pessoas e de atribuir, de forma gentil e tranquila, a responsabilidade da liderança aos que estão ao seu redor.

A confiança inata que ele tinha nos outros nos levava a confiar em nós mesmos – que presente maravilhoso!

Aaron Lyons, Just Outcomes

Tive o privilégio de ter sido aluna de Howard e ter tido a oportunidade de conhecê-lo e trabalhar com ele. Ele é um acadêmico incrível e tem belas qualidades humanas (humildade, senso de humor, respeito, ótimo ouvinte, capacidade de conectar comunidades, etc.).

Eu me defino como uma praticante de Justiça Restaurativa.

Najla El Mangoush, Ministra do Exterior, Líbia

Em vez de uma autobiografia convencional, este livro é o mais próximo que podemos estar de Howard Zehr falando a respeito de si.

Quem é ele? Uma pessoa, uma jornada, um professor, um peregrino, um cético, um místico e um acadêmico – que, de maneira muito gentil, subverteu os paradigmas dominantes do sistema de justiça criminal moderno.

Um relato visualmente delicioso e lúcido que pode ser escutado e discutido, o livro sacia nossos sentidos com a beleza de uma vida vivida com um senso de maravilhamento.

Rina Kashyap, Universidade de Délhi, Nova Délhi, Índia

HOMENAGENS E DEPOIMENTOS

Este livro é excelente.

Um dos esforços de Howard, apesar de seu trabalho mundialmente reconhecido, tem sido evitar que a história da Justiça Restaurativa se torne uma história sobre ele próprio.

Assim, acho empolgante ver um pouco da "história de Howard" neste livro – como sua generosidade, sua bondade, seu pensamento crítico, sua comunicação clara e sua disposição em assumir responsabilidades moldaram o movimento conhecido como Justiça Restaurativa.

Vale a pena ler!

Judah Oudshoorn, Conestoga College, Kitchener, ON

Admiro os insights e as reflexões que Howard traz ao examinar o material que produziu anteriormente – ele vai apontando o que permanece inalterado e o que está evoluindo, ao passo que nós vamos aprendendo mais sobre nós mesmos, sobre nossas relações uns com os outros e sobre as possibilidades de uma visão de mundo não ocidental.

Kay Pranis, instrutora de processos circulares, autora

Muitas pessoas, eu inclusive, são abençoadas por terem aprendido com Howard Zehr, por terem sido orientadas e/ou trabalhado diretamente com ele. Com a leitura destas páginas, leitores de todos os lugares poderão ser beneficiados com as experiências que Howard teve ao longo de toda sua vida, vivendo e ensinando Justiça Restaurativa.

Obrigado, Howard.

Thomas Norman DeWolf, autor e codiretor da organização Coming to the Table.

Lembro-me que, quando estava trabalhando na James Madison University (JMU), meu supervisor disse: "Você precisa fazer um curso de Justiça Restaurativa com Howard Zehr na Eastern Mennonite University do outro lado da cidade. As pessoas vêm de todos os lugares do mundo para aprender com ele".

Na época, eu nunca tinha ouvido falar de Howard Zehr ou de Justiça Restaurativa mas, se a JMU estava disposta a pagar, eu iria. Acabou sendo uma das melhores experiências da minha vida, e conheci um professor, um modelo, um mentor e um amigo maravilhoso.

HOMENAGENS E DEPOIMENTOS

Desde o início, Howard causou-me uma forte impressão. Sendo uma pessoa tão conhecida, ele era humilde, discreto e, mais do que qualquer outra coisa, vivia de maneira restaurativa.

Apenas observando Howard, vendo como ele se comportava, aprendi mais sobre Justiça Restaurativa do que em todos os livros que poderia ler. Mesmo sendo tão famoso, ele sempre achava um tempo para me ajudar, me impulsionar e me conectar com pessoas que poderiam apoiar minha carreira. Se não fosse por Howard, eu nunca teria me conectado com a Justiça Restaurativa e conseguido implementar práticas de Justiça Restaurativa na JMU.

Anos depois, quando pensei em escrever um livro sobre Justiça Restaurativa, Howard estava lá – apoiou-me, encorajou-me e escreveu uma apresentação incrível. Howard me inspirou a viver uma vida dedicada à justiça e à paz, assim como ele fez.

Josh Bacon, autor de I Screwed Up! Now What?
e ex-diretor de assuntos discentes na James Madison University

---

Desde que conheci Howard há 30 anos, ele tem sido meu mentor, professor, colaborador e amigo. Eu tive experiências diretas, de primeira-mão, com muitas das suas características luminosas ressaltadas neste livro e as considero lições sobre como estar neste mundo – praticar a humildade, refletir criticamente, honrar e buscar as contribuições alheias e ter humor.

Howard compartilha generosamente aspectos da sua vida pessoal, permitindo-nos conhecer um pouco de seus *hobbies,* amizades e família. Para mim, ganham destaque as lições dos momentos em que Howard não está sendo o "avô da Justiça Restaurativa": abrace o seu lado *geek,* aprecie uma boa xícara de café e responda aos e-mails prontamente.

Barb Toews, educadora e praticante de JR, University of Washington Tacoma

---

Howard tem transmitido de modo contínuo – e por muitos anos – mensagens fundamentais para os meus alunos de Justiça Restaurativa na Waseda Law School. Com sua mente restaurativa, ele teve uma forte influência sobre os advogados japoneses.

Kei Someda, Faculdade de Direito da Universidade Surugadai, Saitama, Japão

HOMENAGENS e DEPOIMENTOS

Estou empolgada com a publicação deste livro!

Esta coletânea dos escritos e da arte do Dr. Zehr representa muito do que nele admiro: sua profunda humildade, seu espírito gentil e generoso, sua contínua capacidade de se maravilhar, seu estilo de comunicação acessível e suas reflexões cada vez mais profundas sobre as fontes que moldaram seu pensamento – como sua fé cristã anabatista e sua educação em Morehouse.

Este livro pode ser a segunda melhor experiência com Howard, sendo que a primeira foi assistir às palestras que ele proferiu para os meus alunos. Ou estar do outro lado do telefone ouvindo suas histórias incríveis – e muitas vezes engraçadas!

Johonna McCants-Turner, Ph.D., professora associada de Estudos de Paz e Conflitos no Conrad Grebel University College, e ex-codiretora do Zehr Institute for Restorative Justice

---

Tornei-me "mediador" voluntário sob a orientação de Howard em um programa e, após testemunhar os resultados de um dos primeiros casos, fui conquistado. O caso que Howard me atribuiu envolvia dois "ofensores", corresponsáveis por causar um prejuízo de centenas de dólares à "vítima" (o dono de uma concessionária de carros que, no final das contas, contratou os jovens para que pudessem pagar a restituição e continuou a empregá-los por meio período enquanto concluíam o ensino médio).

Não imaginava que essa experiência definiria grande parte da minha vida profissional. Muito obrigado, Howard!

David Gustafson, pesquisador e desenvolvedor do (agora nacional) Victim Offender Mediation Program [Programa de Mediação Vítima-Ofensor] (também conhecido como Restorative Oportunities) no sistema prisional do Canadá

A profunda humildade de Howard, sua integridade tão consistente em relação aos valores que promovem a vida e seu compromisso com a prática reflexiva contribuíram significativamente para a formação da base a partir da qual segui minha jornada pessoal, familiar e profissional.

Matthew Hartman, Just Outcomes

HOMENAGENS E DEPOIMENTOS

Costumo usar uma palavra para descrever Howard: humildade. É uma palavra que não uso sem restrições nem com muita frequência, mas que o descreve.

Em relação a Howard, a palavra humildade significa compreender que você não sabe tudo e estar aberto para escutar a sabedoria dos outros. E ele, mais do que qualquer pessoa que eu conheça, viveu assim.

Lembro-me de começarmos a falar sobre os valores da Justiça Restaurativa como algo que também precisávamos praticar em nossas próprias vidas... e que ainda estamos descobrindo e praticando... E às vezes ele me dizia: "Não sei se já falei isso, mas eu gosto muito de trabalhar com você".

Este é o Howard.

Lorraine Stutzman Amstutz, autora e liderança na área da Justiça Restaurativa

---

É maravilhoso que este livro multiplique as bênçãos que são as percepções, as histórias e o espírito de Howard.

Há alguns anos, Howard convidou-me para escrever com ele o prefácio de um novo livro. Trabalhando juntos, pude testemunhar a forma generosa com que ele exerce sua liderança, a perspicácia de sua atenção e sua inesgotável rede de relacionamentos.

Ao compartilhar suas raízes cristãs para a construção da paz, Howard me ajudou (e a inúmeras outras pessoas) a reconhecer o poder das minhas raízes e a minha responsabilidade em recuperá-las.

Caitlin Morneau, Diretora de Justiça Restaurativa da Rede de Mobilização Católica, Washington, D.C.

Trocando as lentes, obra seminal de Howard Zehr, é uma revelação.

A ideia de estarmos testemunhando a mudança de paradigma de uma justiça que reproduz danos por uma outra que repara danos foi – e ainda é – surpreendente, bem-vinda e geradora de novas possibilidades.

Hoje, a urgência de repensar a justiça é ainda mais evidente. De fato, após o linchamento público de George Floyd, está na hora de conceber novos horizontes para a justiça.

Fania E. Davis, Doutora em Conhecimento Indígena, liderança nacional em Justiça Restaurativa, advogada de direitos civis, educadora.

HOMENAGENS E DEPOIMENTOS

Howard Zehr é um visionário.

Acredito nisso não apenas por suas muitas e admiráveis lições e obras. Faço tal afirmação porque a vida de Howard é a própria demonstração daquilo que ele ensina. Aqueles que o conhecem sabem que, sendo humilde e humano, ele faz com que você se sinta especial. Hoje em dia, não é fácil encontrar autênticos visionários ou sentir-se verdadeiramente inspirado. Sou grato por ter conhecido Howard durante as fases iniciais da minha carreira, por enxergar através de suas lentes, por me sentir especial e ter sido inspirado. Aprendi a observar minha própria realidade e, através dessa perspectiva, encontrar as forças necessárias para encarar o desafio que ele nos lega.

Theo Gavrielides, filósofo do direito e especialista em Justiça Restaurativa, Londres, Inglaterra

---

Minha amizade com Howard foi construída através da arte e da fotografia.

Ele me ajudou a projetar e montar meu primeiro quarto escuro e me convenceu a comprar algumas câmeras russas muito duvidosas. Acompanhou-me em vários projetos e fizemos juntos muitas fotos da prática "pesque-e-solte*".

Depois de fotografar, às vezes tomávamos, ali mesmo no campo, um café expresso que ele preparava usando seu kit portátil e servia com um chocolate de menta Andes.

Tudo o que Howard nos conta sobre si neste livro evoca aqueles pequenos copos fumegantes: a expressão de comunhão compartilhada sobre o capô de uma caminhonete.

Scott Jost, professor de arte, Bridgewater College

---

* No original: *"catch-and-release fishing"* – como o próprio nome diz, é o ato de pescar o peixe, admirá-lo, fotografá-lo e devolvê-lo à água em perfeitas condições de sobrevivência. Fonte: https://ambientes.ambientebrasil.com.br/agua/artigos_agua_doce/pesque_e_solte.html E de acordo com alguns pescadores consultados, dar um beijo no peixe antes de soltá-lo faz parte do ritual. [N.T.]

HOMENAGENS e DEPOIMENTOS

Howard mostrou a muita gente, mundo afora, como repensar de uma maneira profunda as nossas concepções sobre crime e justiça. Ele fez isso vinculando a prática à teoria, confrontando os sistemas sociais com a vida cotidiana das pessoas.

Ivo Aertsen, editor do International Journal of Restorative Justice, Universidade de Leuven, Bélgica

---

Howard Zehr fez uma enorme diferença na minha vida e na do Mural Arts Program. Sua obra nos apresentou ao mundo da Justiça Restaurativa, e sua gentileza, empatia, apoio e profunda fé no poder da arte ajudaram-nos a impulsionar o trabalho que fazemos nas prisões e com aqueles que retornam para casa.

Ele validou nossa crença de que todas as pessoas têm o direito de serem ouvidas, vistas e respeitadas; que as pessoas precisam deixar vestígios de si mesmas e daquilo de significativo que geram em suas vidas. Elas precisam expressar tudo o que aconteceu com elas, dizer "Estamos aqui!" e criar beleza.

Sou grata a Howard por ele enfatizar como é importante recuperar significados e encontrar a justiça através da arte.

Jane Golden, diretora executiva, Mural Arts Philadelphia

Texto composto em Versailles LT Std.
Impressão e acabamento Paym Gráfica.